Ullstein Sachbuch

DAS BUCH

In den National Archives, Washington, gelang dem Privatforscher Georg
Stein ein sensationeller Fund: Er entdeckte das Typoskript des Tagebuchs,
das der 48jährige Infanteriefreiwillige Hermann Löns während der ersten
Wochen des Ersten Weltkrieges bis zu seinem Tod am 26. September 1914
in der Schlacht vor Reims geführt hat.
Löns, zunächst vom Kriegstaumel mitgerissen, wird durch die unmittelbare
Erfahrung des Krieges zum kalten Chronisten des Grauens.
Während des Dritten Reichs war das Tagebuch des Dichters, den die Nationalsozialisten zum Dichter des Reichs stilisieren wollten, zwar als Ausstellungsstück zu bewundern, veröffentlicht wurde es jedoch nie: Es ist kein
heroisches Kriegstagebuch. Eher enthält es Parallelen zu dem wirkungsvollsten Anti-Kriegsroman der 20er Jahre, zu Erich Maria Remarques *Im
Westen nichts Neues*.

DER AUTOR

Die literarische Geltung von Hermann Löns (1866–1914) gründet sich auf
seine Romane, seine Tier- und Naturerzählungen, seine Gedichte und Lieder. Insbesondere als Dichter der Lüneburger Heide wurde er bekannt.
Weniger bekannt ist er als kämpferischer Umweltschützer und engagierter
Journalist. Zu Unrecht wurde Löns nach 1945 als ›Blut- und Boden‹-Dich-
ter abqualifiziert.
Zu seinen bekanntesten Werken zählen: *Mein grünes Buch* (1901); *Mümmelmann* (1909); *Was da kreucht und fleucht* (1909); *Der Wehrwolf* (1910);
Der kleine Rosengarten (1911).

DIE HERAUSGEBER

Dr. Karl-Heinz Janßen ist verantwortlicher Redakteur bei der Hamburger
Wochenzeitung *DIE ZEIT*; Georg Stein ist Privatforscher.

Hermann Löns

Leben ist Sterben, Werden, Verderben

Das verschollene Kriegstagebuch

Herausgegeben von
Karl-Heinz Janßen und Georg Stein
Mit 23 Abbildungen

Ullstein Sachbuch

Ullstein Sachbuch
Ullstein Buch Nr. 34458
im Verlag Ullstein GmbH,
Frankfurt / M – Berlin

Vom Herausgeber (K.–H. Janßen)
ergänzte Ausgabe

Umschlagentwurf:
Theodor Bayer-Eynck
Foto: Ursel Borstell
Alle Rechte vorbehalten
Mit freundlicher Genehmigung
des Orion-Heimreiter-Verlags, Kiel
© 1986 by Orion-Heimreiter-Verlag, Kiel
Printed in Germany 1988
Gesamtherstellung:
Clausen & Bosse, Leck
ISBN 3 548 34458 5

Mai 1988

CIP-Titelaufnahme
der Deutschen Bibliothek

Löns, Hermann:
Leben ist Sterben, Werden, Verderben:
d. verschollene Kriegstagebuch / Hermann
Löns. Hrsg. von Karl-Heinz Janßen
u. Georg Stein. – Vom Hrsg. erg. Ausg. –
Frankfurt / M.; Berlin: Ullstein, 1988
   (Ullstein-Buch; 34458:
  Ullstein-Sachbuch)
  ISBN 3-548-34458-5
NE: Janßen, Karl-Heinz [Hrsg.]; GT

Inhalt

Anstelle eines Vorwortes

Ernst Jünger über sein eigenes Weltkrieg-I-Tagebuch

Ich habe mich bemüht, meine Eindrücke möglichst unmittelbar zu Papier zu bringen, weil ich merkte, wie rasch sie sich verwischen und wie sie schon nach wenigen Tagen eine andere Färbung annehmen. Es erforderte Energie, diesen Stapel von Notizbüchern zu füllen, in den kurzen Pausen des Geschehens, nach dem Tagewerk der Front, beim trüben Licht einer Kerze, auf den Treppen schmaler Stollenhälse, in zeltverhangenem Trichter oder feuchten Kellern von Ruinen; indes es hat sich gelohnt.

... Es war eine seltsame Beschäftigung, im bequemen Sessel das Gekritzel dieser Hefte zu entziffern, an deren Deckeln noch der vertrocknete Schlamm der Gräben klebte, und dunkle Flecken, von denen ich nicht mehr wußte, war es Blut oder Wein.

Ich machte dabei die Beobachtung, daß sich in diese Zeilen der heiße Atem der Schlacht, eine wilde Ursprünglichkeit brannte, die stärker und unmittelbarer wirkt als der stilisierte Bericht.

... Am nächsten Morgen erschien Knigge und las mir Befehle vor, aus denen mir gegen Mittag klar wurde, daß ich die Führung der vierten Kompanie übernehmen sollte. In ihr war im Herbst 1914 der niedersächsische Dichter Hermann Löns vor Reims als Kriegsfreiwilliger gefallen, fast fünfzig Jahre alt.

Aus: In Stahlgewittern, Aus dem Tagebuch eines Stoßtruppführers. 10. Auflage, Berlin 1929

Sonntag. 24. August [1914] gestellt und für tauglich befunden. Zeug verpaßt und 25. 8., am anderen Mogen, 7 Uhr, in Dienst.

v. Einem übergibt mich, Hüber, Ebeling dem aktiven Unteroffizier Fischer (aus Ricklingen). Grüßen, Gewehr, usw.

26. 8. Schießen auf Bult. Gewehr fort.

27. 8. (Mittwoch)

28. 8.

29. 8. Freitag. Mein Geburtstag. (Aennes Hetzerei. Albert fehlt. Ernst da.)

30. 8. Ausgegangen mit *Erni*.

31. 8. Sonntag. Ausg[egangen] mit *Erni* und Agnes.

1. September. Montag. ⟨*Gestrichen:* Ich bekomme Stünkel.⟩ Neu eingeteilt.

2. ⟨*Gestrichen:* Stünkel schleift mich weiter ebenso.⟩ Ebenso.

3. Ich bekomme Stünkel.

Hannover. Abfahrt 3. 9. von Kaserne Waterlooplatz. Abmarsch mit Gesang. Morgens 6 Uhr Bahnhof Möhringsberg, Minden, Löhne, Bielefeld, Hamm, Elberfeld.

Abend[s] Köln. Essen nicht zu bekommen. Abends über Düren nach Aachen, dort über Nacht im Zug.

Herbesthal. 4. 9. 1/2 6 [Uhr] früh Ankunft. Belgische Grenze. Massen Truppentransporte. Verpflegung: Hôtel de la Station. Kein warmes Essen. Schönes Bier.

Verviers. 5. 9. Ankunft morgens. Am Bahnhof zerschossene Fenster und Mauern. Kaufe von Anliegern Honigkuchen (kein Brod), Karten, Zigaretten, Kaffee umsonst. Wird doch bezahlt. Leute winken, wie wir abfahren. Gefangenen-transport, Truppenzüge, Signale. Abfahrt 6 Uhr 15 und 8 Uhr vom anderen Bahnhof.

Chaud Fontaine/>Chaudfontaine/. 5. 9. (Neu Warmbrunn) Ankunft vormittags. Gelegen bis 1/2 7 [Uhr abends]. Offi-ziere klettern Berg rauf. Kein Vogel, Schwalbe, Krähe, Spatz, Meise, Uferläufer, Kolüt. Gefangene, Maschinenge-wehre, Revolverkanone.

    Klarer Abend. Mückensäulen *[Hier Zeichnung 1]* über Bergen und vor Wagen. Tunnel.

Lüttich. 6.9. Ankunft (10 Uhr [abends am] 5.9.). Güter-
bahnhof. Artillerie. Jäger. Husaren. Mond rot am Himmel.
73er und 74er ⟨geschlossen⟩ anderen Tag geschlossen mit
geladenem Gewehr zum Essenholen. Hitze, Bahnhof, Maschinengewehre, Berge, Zechenkra⟨h⟩n, Türme, Weide-
vieh. Schwerverwundete. Weiße Fahnen.

Marsch durch Stadt, Markt, zerschossene Häuser, Ge-
sang. ⟨*Gestrichen:* Stadt am Berg.⟩ Herrliches Wetter.
Maas, Marsch über Brücke. [*Randbemerkung:* Drahtver-
haue an Brücken. Sandsäcke. Sperren.] Hafen. (Wacht am
Rhein). Kaffee. Einkaufen (der Holländer), zurück zum
Bahnhof. Essenempfang.

Bad unter Lokomotivpumpe. Erst Offiziere, dann Mannschaften. Luftbad unter Bad am Berge auf Viehweide.

Bevölkerung anscheinend freundlich, innerlich verstockt.
Herrliche Aussicht. Schöne Sonne. Händlerinnen mit Zi-
garetten, Obst. (Ruhrverdacht.) Gefangenentransport.
Einige hundert Franzosen und Belgier. Unten Landstraße.
Militärradler, Autos, weißer Staub. Ulanenpatrouille.

Um mich Skatspieler. Limonade. Zigaretten. Witze.

In Lüttich sind Außenposten ermordet. – Turkos. Zuaven. Gegenüber ein Zug 91er.

Abfahrt 7 Uhr abends. Tunnel, Fabriken, Forts. Leute an
Fenstern winken. Querstraßen voller Menschen. Wir fahren
mit geladenem Gewehr. (Strecke ist bewacht, doch nicht ge-
nügend.)

Zechen, graue Halden und immer Fabriken, Klärteiche.

11

Hurrah der Wachen. Weiße Mauer. Steinbrüche (gelb). Blumengarten (Dahlien). Buschige Hänge. Villen. Prachtvolle Felsen (weiß). Waldreben, Goldlack, gelb, schwarz. Hänge voll Obstbäume[n]. Wieder Fabr[iken], immerzu. Tal öffnet sich. Wiesen. Wald links, rechts Felsen. Villen. Maas immer links (Beleuchtung). Eisenhütten. Tunnel. Maas links.

Fort Huy (Rotwein). Bahnhof ganz ausgebrannt. Weiterhin ebenso Haltestelle. Schanzen, Stacheldraht. Abendstern. Vollmond. Zerschossener Bahnhof.

Namur. 12 Uhr nachts. Pferdetransporte.
    2 Uhr [morgens]... erste Schüsse. ⟨ *Gestrichen:* Französische Grenze längst überschritten. ⟩

7. September. Morgens 6 Uhr. Weiße Häuschen statt der grauen ⟨*Gestrichen:* belgischen⟩, gelbe Lehmabhänge. Rhederei/>Redderei/ mit stumpfen Kähnen. Deutsche Wachen, Hurrah. Fette Weiden mit schönem Vieh. Ein Städtchen (Lobbes).

Plaudern mit Artillerie aus Hanau, Bombenkerl. 30,5-cm-Riesengeschütze auf Wagen. Ausgebranntes Haus. Zurück über die gesprengte Brücke.

Kaffee in Thuin bei Eisenbahnern. Der gefangene Waldmensch mit dem langen dreckigen Haar, der Brille und der Stummelpfeife.

Wir kommen in die Ebene. Rüben. Geschützdonner weit hörbar (wahrscheinlich von Maubeuge).

Fahrt auf offenem Wagen mit Offizier und Feldwebeln, sehr lustig. An Station Franzosenpuppe mit Holzschwert in Brust.

Herbstzeitlosen. Zelte, Wagen, Feldbäckerei. Engpaß. Wiesen. Weiden. Ausgebrannte Gehöfte neben der Landstraße und Eisenbahn.

Wachhaus vor Waldblöße »Neudeutschland«. Fasanenjagd an Strecke. Französische Schützengräben auf Acker neben Bahn.

Chimay. 12 Uhr mittag[s]. Aussteigen. Viele Verwundete am Ort, riesiger Verwundetenzug nebst Gefangenen. ⟨*Gestrichen:* Koffer.⟩ Tornister erleichtern, da es vielleicht Marsch und Kampf gibt [bei] Montmigy/>*Momignies*/. Aber es wird 4 [Uhr], wird 5 [Uhr], wird 6 [Uhr nachmittags]. Die Leute braten Fleisch, und wir warten und warten. Dicke Alte verkauft mir Kaffee, will erst kein Geld, nimmt aber doch. Panzerzug mit Sandsäcken kommt durch.

Endlich um 7 Uhr [abends] weiter nach Anor in Frankreich. Abkochen auf Weide. Lagerfeuer. Rauch. Abendstern. Geschrei. Heller Himmel mit schwarzen Windwolken und Rauchschwaden. Dunkle Gestalten, helles Feuer, Funkenflug. Mond blutrot über Horizont. Vollmond. Bahnhofswache ladet uns zu Rührei ein. Kolüt. Ein Heimchen zirpt. Packwagen. Gebe Essen ab und Zigaretten, bekomme Wein. Der Mond und ein Stern am kaltblauen Himmel.

Hurrah. Maubeuge gefallen mit 40 000 Mann. [*Einfügung ohne Kennzeichnung, wo einzufügen:* Rotekreuzzug von Hannover läuft ein. Hält. Verwundete. Feldbäckerei. Nachts angefallen.]

Anor. 8.9., 6 Uhr Reiveill⟨j⟩e. Wunderbares Morgenrot (Morgenrot, Morgenrot). Toter Morgen, kein Vogel singt, wie auch sonst nicht. Brunnenkette kreischt, Hahn kräht, Füßegetrappel auf Schotter. Finken schlagen. Mit Gepäck los. Zug bleibt zurück. Schwalbenflug.

Abkochen auf Wiese. Requiriere aus den leeren Häusern (Salz, Schmalz, Kartoffeln, Marmelade, Servietten, Zwiebel[n] usw.). Brennholz. Axt. Spaten. Ein Schuß. (Bahnhofswache). Noch ein Schuß. (Rüpel und Plünderer werden allgemein verurteilt.) Halbchaise kommt, gezogen von vier Mann, Mann in Zylinder, mit Radau an.

Schwalben jagen. Störche kreisen. ⟨*Gestrichen:* Ab und zu ein Schuß.⟩ Gewitterwolken, schwül, Bad aus Kübel. Rasieren lassen bei freundl[ichem] Franzosen. Frau, ähnlich einer Haidjerin, näht mir Knopf an und Riß in der Hose, will kein Geld. Seitengewehre schleifen. Herbst, der Oberrequirör mit der Hakennase und rotem Haar. Haupthahn. Förster (Zahntechniker) hilft mir, wo er kann. Zigarettenmangel. Helfe aus. Offizier[s]pferde vorbei. Rast im Grasgarten.

1 Uhr [mittags]. Flieger an Sonne vorbei. Abmarsch von Anor um 4 Uhr [nachmittags], Aufstellung an Straße. Bagage. Ein Pferd strängt aus. Himmel bezogen. Gewitter verzogen. Schwalben fliegen. Wind in hohen Silberweiden. Linden.

Marsch durch Ort (Lieb Vaterland). Autos von Rotem

Kreuz, Artillerie und Mengen von deutschen, französ-
[ischen], belg[ischen] und englischen Munitionswagen vorbei. Schrecklicher Staub, faule Witze, Gesang. Bagage vor
uns wie im Nebel. Zerstörte Telegraphen.

Weg durch Wald furchtbar staubig, fortwährend Autos an
uns vorbei. Dann offenes Gelände, Weiden mit Hügeln und
Büschen.

Füsilier-Regiment Nr. 73

Durch die Stadt Hirson mit Gesang (im Tritt ohne Kommando). Frauen mit Kindern. Viel Blonde. Nonnenkloster.
Weiter nach dem Dorfe Buire.

Links ein kleines Fort (Hirson) mit gekappten Bäumen,
Stacheldrahtverhau, Posten und deutscher Fahne. Leute
stellen Wasserkübel an Straße, grüßen und winken.

Massenquartiere in Scheune in Stroh mit Posten. Mondschein, silbern in Wolken. Leute schließen alle Häuser. Ge-
rücht von Durchbruch französ[ischer] Kavallerie (Unsinn).

Auf dem Dorfplatz Feuer. Leben von Kommisbrot.

16

Schließlich am Feldwebeltisch noch Konserven ge-
schlemmt. Posten gehen aufgepflanzt auf und ab. Zugvögel
rufen (Kiebitz, Kolüt, Uferläufer). Posten vor erleuchteter
Wirtschaft. Schlaf im Stroh auf Tornister. Autos rasseln
nachts vorbei.

Abmarsch 9.9. von Buire, 6 Uhr früh. Dunkel, Mond in grauen Wolken. Es regnet. Kaffee, Kommisbrot. Durch Dorf und dann die Stadt Origny[-en-Thiérache]. Ausgebrannter großer Hof. Vor dem nächsten Dorfe schwer befestigte Stellung mit Stacheldraht, Erdwall, Schießluken in Dächern und Lehmwänden.

Massen von Flüchtlingen kommen zurück, meist Frauen und Kinder, die vor Angst grüßen. Viel blond darunter. Die Stadt mit alter Doppelturmkirche. Grüner Fluß, zum Teil schrecklicher Backsteinrohbau. Alte Bauernhäuser mit Schiefer und Stroh [sind] viel schöner. Gesprengte Bahnbrücke. Rasten in Dorf. Bekommen Birnen geschenkt. Zaunkönig singt, Hühner gackern, Esel wird mit Kommisbrot gefüttert. Zaunkönig singt.

Weiter, noch ein Dorf und noch eines. Viel Obst. Land wird ganz flach. Pappelallee, Getreidefelder und Stoppel. Viele Flüchtlinge. Massen von Munitionsautos donnern vorüber, uns in Chausseemehl hüllend.

Kurze Rast [um] 11 Uhr in Vervins auf Platz unter Roßkastanien zum Tabakeinkauf. Bevölkerung zumeist verschwunden. Der ganze Platz voll feldgrauer Röcke und Helme. (Vorbei kommt die Artillerie, die vor Maubeuge gekämpft hat.)

Marsch in glühender Hitze bergauf, bergab um Mittag. Furchtbarer Staub. Massen von Munitionsautos. Feldpostautos. Ganze Züge von Flüchtlingen. Rast auf der Höhe des unendlich⟨en⟩ langen Berges an staubiger Böschung. Autos mit Verwundeten kommen vorüber. Weite Aussicht über Tal und Berg, Stoppelfelder und Wälder. Noch ein langer Berg. Flüchtlinge. Auf elendem Karren ein toter Greis, daneben weinende Frauen.

Unendliche Munitionskolonne mit Verwundeten kommt zurück, ratternd, knatternd, donnernd, tutend, in Staubwolke. Am Wege 74er, dann Bagage und wieder ein Munitionsauto nebst Anhänger nach dem andern. Signale. Vor uns kocht Landwehr 16 auf Stoppel ab. Hellblauer Rauch vor dunkelgrünen Bäumen. Gelbe Diemen, Himmel blau mit dicken Wattewolken. Rotekreuzauto mit verwund-[etem] Off[izier], der vergnügt schmökt.

Ankunft in Dorf Longny / >*Lugny* / um 2 Uhr [nachmittags]. ⟨*Gestrichen:* Gänse und Schweine gekauft und abgekocht.⟩. Abkochen. Dreckiger Hof, Hühnerdreck, Federn, Mist. Von fernher tönt das Donnern und Tuten der Militärautomobile. Antreten zum Nachexerzieren (ohne Zweck). Baden, Fußparade. Abkochen.

Nachts an der Offizierstafel ⟨im Garten⟩ bei flackerndem Licht im Obstgarten. Es fallen zwei Schüsse. Es steigen fern Leuchtkugeln. Munitionsautos rasseln andauernd vorbei. Käuzchen ruft.

Chambry, 10. 9. 1914

10. 9. 14. Nachts Radau. Zwei besoffene 74er haben geräubert. Werden mit Gesicht an Mauer gestellt, angeschnauzt und gehen ohne Waffen mit, bis Kriegsgericht ist.

Bleicher verloschener Mond am Himmel. Grauer Himmel. Es regnet fein, immer stärker. Marsch nach Marle (Stadt). Ein ausgebranntes Haus. Viel Flüchtlinge und Rückflüchtlinge, bessere Leute in Wagen. Landstraße glatt gewalzt von Lastautos. Kaput[t]e Autos am Wege. Überall Haufen Hühnerfedern. Steinbrüche, aus denen wilder Aasgeruch. Alles schnauft.

Ich kann wegen der [Fuß-]Blasen nicht weiter. Lastauto nimmt mich auf. Freundliche Chauffeure. (Geben mir Wein und Zigaretten.) ⟨*Gestrichen:* Steige aus in Chambry.⟩

Zuckerrüben. Luzernen, Bohnen, Stoppel von hellvioletten Blüten. Minzegeruch. Gerade glatte Straße donnern wir runter. Steige aus in Chambry. Lagere mit Kameraden, die Kranke gebracht haben, an Straße. Lassen uns Kaffee kochen. 30 Lastautomobile stehen an der Straße.

Laon steht mit seinen drei Türmen gegen den bleigrauen Himmel. Schwalben hin und her. Schludrige Weiber. (Laon 50000 Ew. />Einwohner/, Festung, aufgegeben von Franzosen.)

Artillerist wird frech gegen die Frauen, wir schmeißen ihn raus. Hören, daß Reims genommen ist und bei Verdun schwere Schlacht sei. 74er kommen an. Alle ohne Tornister und viel Schlappe auf Wagen.

Kompagnie rückt ein. Biwak auf Hof gegenüber Schloß.

Schloß Chambry

Viel Kaninchen auf Hof. Das Schloß ist verlassen und von französ[ischen] Truppen geplündert. (Die Franzosen finden, daß wir im allgemeinen anständiger sind.) Ein Parvenüschloß (Palazzo procci). Architektur. Banaler Park, verwildert, ⟨*Gestrichen:* mit Turteltauben⟩, mit Lachtauben, Kaninchen, Gewächshaus, Spalierobst, ganz voll. Engl[ischer] Park, Blumengarten, Gemüsegarten, alles voll Unkraut und Unrat. Das ganze Hausgerät in gemeiner Weise durcheinander, die Abritte voll Unrat, volle und leere Gläser, halbvolle Flaschen.

Das Kammerzofenzimmer ein Wirrwar von Spitzen, Hüten, Straußfedern, Reiher, Kolibri, Leierschwanz, Krontaube. Wäsche in ganzen Bergen, Korsetts, Schals, Kostüme, Hüte, Strümpfe, Schuhe, Bänder, Agraffen, Brennsche⟨e⟩re (Emile Bazin fils, Château de Chambry).

Ich gehe in Park. Die Lachtauben girren und rucksen, die Mannschaft im Pferdeauslauf beim Abkochen schwatzt, Schwalben zwitschern, Blumen blühen. Vor dem Tor steht die Wache mit aufgepflanztem Seitengewehr und von ⟨*Ge-strichen:* Norden⟩ Südwest kommt Kanonendonner herüber (von Chalons />Laon/).

Nachmittags im Park auf Rasen gelegen. Es dämmert. Förster verbindet mir die Füße. Soldaten schleppen Stroh ins Schloß zum Schlafen. Franzosen in der Nähe. 50 Franktirörs marschieren durch unter Bedeckung als Gepäckträger. Offiziere kommen von Laon zurück.

Autogedonner, ein Auto ruft wie Käuzchen (kuwitt), andere wie Waldkautz (huhuhu). Sternklarer Himmel. Verwesungsfarbige Wolken darunter. Käuzchen ruft. Von den Mannschaften spielt einer Klavier. Ich allein im Zofenzimmer. Licht in schwerem silb[ernen] Empireleuchter flackert plötzlich. Todesschrei einer Abendfliege.

Abendessen mit Offizieren. Mondschein. Postenschritt. Rotwein (1,20 [Mark]) und billiger Sekt, Bohnensuppe, Zigaretten (20 Pf[ennige] 20 [Stück]).

Bei Laterne. Ich und drei Feldwebelleutnants letzte Flasche. Sternschnuppe.

11. 9., 8 Uhr früh, ab von C[h]ambry. Regnet erst, hört auf. Grauer Herbstmorgen. Wieder Flüchtlinge. In einem Wagen Wöchnerin, im anderen sterbende Frau. [»]Glückauf[«] ruft mir ein großer blonder Bauer in den Requisitionswagen (Verbandsbruder Saxo Thuringia Hannover). Alle Tornister werden gefahren, weil es langen Marsch auf Reims gibt, von wo Franzosen durchbrechen wollen.

Rüben, Viehweiden, Holz, Sumpf, Buchweizen, Inula, Mentha, Wasserhanf, Sumpfschafgarbe, Rohr, Skabiose, rote Flockenblume, Kohldistel, Pappeln, Weidenbüsche, hohe Birken, Eschen und Weiden, Seerosen.

Wir überholen Truppe und Spitze im nächsten Städtchen. Dorfteich und Anger mit Gänsen und Enten. Bauer mit furchtbaren Gichthänden sagt, Eisenbahn vor uns nicht zu passieren. Wir fahren dahin. Spannen aus. Rohde und Jansen ziehen Wagen auf Geleise, spannen wieder vor und reißen Wagen von Geleise.

Weiter auf Landstraße. Vor uns bewaldeter Höhenzug, vor bleigrauem Himmel. Kühler, unwirscher Wind. Wir fahren durch hohe Pappelallee. Gewehr geladen. Offizier jagt vorüber vor uns. Transportautos sausen vorüber, von Festieux kommend. Wiesen mit Zeitlosen, gelbe Diemen. Raschelnde Pappeln. Brahmfeld. Rotekreuzautos mit Ärzten und Schwestern. In Holz Landwehrtrain mit vielen Wagen. 74er aus Hannover. Wieder Droschken mit Verwundeten. Die ganze Straße voll Militär. 13er, 28er mit Bagage. 10 Uhr in Festieux.

Wir halten auf Platz mit hohem Eichenkreuz. Wagen auf

Wagen und Karren vorbei. Landwehr und Infant[erie]. Viele Frauen und Kinder vor Türen. Frauen meist plump und überüppig. Autos, Rotekreuzfahnen flattern. Staub, Hupen und Hörner. Läden alle leer. Wir requirieren. Sonne kommt durch. Hübsche Bracke beschnüffelt mich. Ein blonder Junge gibt mir eine Rose. Schwalben reihen sich auf Kirchdach. (Schlampiges Weib bringt mir Tasse Kaffee. Ich nehme an und gebe ihrem Mann Zigarette.) Alles still auf einmal bis auf Schwalbenrufe und Kinderstimmen und Entengeschnatter.

Reizende, schlanke junge Frau, ganz deutsch und sauber, stellt sich neben mich und sieht meine Schmisse an. ⟨Gestrichen: Wir holen Speck,⟩ Viele blond[e] und hellblond[e], ganz deutsch aussehende Kinder und Frauen. Train aus Hannover. Ein Offizier, der mir bekannt scheint, grüßt mich verbindlich. Wer ist es? Ich bekomme, da ich beim Wagen bleibe, einen Schnaps. Ein Dutzend Rotekreuzautos mit Verwundeten.

Unsere Spitze kommt. Rotekreuzautos. Unsere 1. Kompagnie, die Bagage, daneben Rotekreuzautos und die Artillerie. Die 74er, viele schlapp auf Wagen. Zwanzig Radler von R[egiment] 73, unten der Platz ganz feldgrau von [Regiment] 74. Wir konkurr[ieren] schmutzig mit UO/>Unteroffizier/Tubbenhauer von der 2. Ko[mpagnie], dann wieder R[egiment] 79 (Hildesheim), de l'eau, de l'eau), Grüße, ulkige Zurufe, Händeschütteln.

Die 74er füllen die Straße halb, dann Bagage voran. 74er marschieren vorüber mit »Wacht am Rhein im Tritt«. Feldküchen rattern hinterher und dampfen und riechen gut. R[egiment] 73, Bagage. Wieder alles still, unten auf der Straße die Spitze neuer Truppen. Dann 164er, Landwehr (Hameln). Verbindungsleute erst. 78er Osnabrück. Langer Zug Munitionsautos herunter, Bagage herauf. 164er, die hinterher kommen. Ein weißer langhörniger Ochse dazwischen, noch einer, Schlittenschellgeklingel, Getrappel, Geratter der Räder, wieder 164er, lustig ⟨*Gestrichen:* flötend⟩ singend. Weiter geht es zwischen den lagernden Truppen hindurch, Akazienallee, Ort hinaus, Wald, Wiesen, bergauf, links Tiefe, Bäume ganz voll Efeu und Waldrebe, Felsen rechts, Gebüsch.

Nach Corbeny. Wald hört auf, Felder, Saxicola, auf der Höhe Wind stärker. Feldpost überholt uns. Weite Aussicht auf Tal und Berg. Finden 73er und 74er lagernd an der Straße. Gelbe Kalksteinbrüche. Herrliche Aussicht in buntes, leicht verschleiertes Ackerbautal und auf waldige Höhen. Eryngium.

Abseits links nach großem Hof mit schönem Obst- und Blumengarten. Dreizehn Pferde, Zwinger mit zwei Bracken und einem Langhaar. Wir untersuchen Weinkeller. Butter (non plus), Wein (non plus). Wollen erst nichts geben, rükken schließlich, als mit Kompagnie gedroht wird, Butter und Wein genug heraus. Die Knechte kommen, sechs baumlange Kerle. Jeder mit zwei schönen großen Birnen, einem halben Brot und einer Flasche Apfelmost. Wie Rohde mit den Eltern in Weinkeller geht, weint die Tochter. Ich tröste sie. Die Knechte rotten sich zusammen, nehmen drohende Haltung an. Wir nehmen Gewehr unter Arm, entsichern, lassen Wagen voran und gehen hinterher. ⟨Madame⟩

In Corbeny suchen wir Quartier. Erst großer Hof belegt. Großer Pferdetransport. 100 Rotekreuzautos mit Verwundeten. Etappenkommando geht zurück. Planwagen auf Wagen biegt in Querstraße. Eine Viertelstunde lang dauert das. Dazwischen ⟨*Gestrichen:* Reitende⟩ Offiziere beritten, Radler, Verwundetenautos.

Himmel grau, Wolken eilen vor dem Wind. Es regnet stramm. Das 73. R[eserve]-Rgt. / >Regiment/ zieht vorbei und entgegen Wagen auf Wagen, und Truppenzüge und Verwundete. Auto auf Auto, und Wagen voll Tornister, Feldküche, Verwundete. Gezank der Kompagnieführer um Unterkunft. Futterwagen, Brodwagen, Geschrei, Getute. Vieh. Furchtbares Getümmel, Befehle, Gegenbefehle. Und Landregen setzt ein, der zu einem niederschmetternden Platzregen wird, und wieder Landregen. Wir bringen Wagen in Hof und Pferde. Und ich bewache Wagen. Kanonendonner von ferne ab und zu. Ich sitze im Hof. Links und rechts Wein an Mauer, Lorbeer, tragende Feigen. Über der grauen Mauer Blumen. Tauben kommen und suchen Reste, und es tobt die Schlacht, und immerdar donnern und summen Rotekreuzautos vorbei.

Abends: bis 1/2 7 [Uhr] Wache gestanden. Dann mit Offizieren gegessen. Meine Beobachtungen von dem Hof (zwölf Knechte) und die vielen kühlen, kräftigen, gutgekleideten Männer auf der Straße. Sentimentale Stimmung. Gläserwurf. Der alte Chinamann (Feldwebel Wiese) erzählt von seinen Fahrten und wir klönen noch und sprechen von Lüttjer Lage und einem Pilsener, ⟨*Gestrichen:* der schöne Bettwärmer⟩ der Bettwärmer und die Auvergneteller.

12. 9. 14, 6 Uhr [früh] Abfahrt von Corbeny. Es regnet erst, dann heiter mit bunten Wolken. Rohde und ich fahren auf Verpflegung in der Richtung Reims. 164er liegen auf Stoppel mit Fourage- und Bagagewagen. Wir lassen in der Feldschmiede beschlagen. Fahren durch flache, fette Weizen- und Rübengegend. Krähen, Elstern. Vor uns schließen Waldberge das Hochplateau ab. Kapu[t]te Autos im Graben, dann toter Gaul (Brauner, mit Schaum am Maul). Deserteure aus der Gegenarmee. Luzerne, Esparsette (blau und rosa), Stoppel, Allee von Pappeln und dann Robinien, rund um die Felder viel gepflegter Wald.

Wir überholen unsere Leute. Sie singen und ulken uns an. Sumpfwald mit rotem Hinnerk. Fahren an 74er[n] vorbei. Links brennendes Haus. Weißer Rauch vor dunklen Pappeln. Buchweizen. Dorf.

Beim Bäcker kommt uns die Konkurrenz (2. Ko[mpagnie]) zuvor. Na warte, (Spangenberg). Über die Aisne. Weiden mit weißen Ochsen und Mulis. Flüchtlinge. Mütze, blaue Jacke, Velvethose, feuerroter Gürtel. Fahren rechts ab zwischen kahlen Stoppeln. Viele Diemen, erster Wein am Stock.

Stadt Cormicy, beim Bäcker Brod 9 Uhr. Wir frieren auf Wagen. Jetzt kommt Sonne durch. Im Kolonialladen steht auf Zettel ⟨im Laden⟩ auf deutsch: »Es gi⟨e⟩bt hier weder Tabak noch Zigaretten.« 74er kommen durch. Alles schreit nach Zigaretten. Nix zu machen. Der Maire will kein Gespann stellen. Wird mit Fortführung bedroht. Sofort Gespann da. – 73er kommen durch. Uhr schlägt sehr schön vom

Hôtel de ville, wo die weiße Fahne hängt. Hinter uns Geschützdonner. Der kleine Offizier von [Regiment] 74 befiehlt mit Browning in Hand Pferde heran. Lastautos durch eine Gasse, in der wir halten.

Im Hôtel de la Croix blanc bei Marcelli Cornu (dem ich Tabak gab) wird Kaffee und Bier getrunken. (La guerre malheur pour vous, pour nous.) Ich spreche mit einem fanzösischen Studenten, er ist gegen den Krieg. Wir kneipen Bier, Wein, Schnaps, Zigaretten (non plus) und immer Kanonendonner, Oleanderblüten, Taubengegurre, Schwalbengezwitscher und Kanonendonner.

Cormicy, Rathausplatz

Requirieren Fahrräder: Hübsche junge Frau, Mann im Felde. Laden uns nach Rückkehr ein, wiederzukommen. Weiter im selben Ort nach Pferden gefragt. Regen. Der grüne Papagei im ummauerten Garten im Regen.

Weiter nach Hermonville, wo alles voll Truppen liegt, aller Art. Kanonendonner. Wir empfangen Brod. Unsere

28

Leute kommen. Sind dicht am Feind gewesen. Haben feindliche Reiterpatrouille gesehen auf 50 m (Pferdebursche). (Wir locken sie in ein Loch.)

Links in Brand geschossenes Haus (qualmt weiß gegen bleigrauen Himmel). Wir schließen uns der 1. Komp[agnie der] 73er an. Munitionszüge begegnen uns, Adjutanten, Radfahrer, Meldereiter. Dreck spritzt. (Rechts heran!) Die Stimmung der tot/>d/müden Truppen frischt auf, wie es heißt: »Wir kommen heute noch ins Feuer!« Schüsse ganz nahe (Feldartillerie). Salve auf Salve von Feldartillerie. Eichelhäher krätscht. Felsen, Wald, Rebgelände mit halbreifen blauen Trauben. Links drei Flieger am Himmel. Salve auf Salve. Ab vom Wagen, Gewehr um. Ich springe vom Wagen, lege Mantel ab und renne hinter der Ko[mpagnie] her. Hohlweg, Radler, Adjutanten. Dann Feld, und nun sehen wir rechts hinter Reims, vor und in den Bergen die Pulverdämpfe kriechend, steigend, zerflatternd.

Graue Versuchswolken, weiße Treffer, Pulverblitze, in der Luft berstende Geschosse, das trockene Getrommel der Maschinengewehre. Der Dreck spritzt, quatscht. Rast am Hof (de l'eau). Der Mann stellt sich bockbeinig. Ich gebe ihm einen Wink mit dem Kolben, und er gibt Wasser ⟨*Gestrichen:* Brod⟩ für die Ko[mpagnie] und verkauft mir ein Brod.

Weiter, quer über Stoppel, das Gebuller wird immer schlimmer. Ein Flieger ⟨*Gestrichen:* nach dem andern, ein⟩ hoch, einer tief, fortwährend rotierend. Das Gebuller wird doller. Fortwährend neue weiße Wölkchen, stinkt nach Pulverqualm. Mit einemmal qualmt es hier und dort, wo wir herkamen. Feuer von zwei Seiten, wir eilen.

Rast für die Ko[mpagnie]. Wir in zwei Wagen mit unseren beiden Leutnants (Eichwe⟨e⟩de und v. Einem) und den Feldwebeln voraus nach Bétheny [*Randbemerkung:* Reims geräumt. Fliegerstation Bétheny verbrannt.], wo wir einige große Bauernhöfe belegen. Flieger an uns vorbei, leider unkenntlich. Hofbesitzer Kalenberger (blauäugig, blond; Frau und Tochter ebenso). Flieger von uns fliegt hart über Hof. Artillerie zieht vorüber. Sucht Munitionskolonne. Autos heulen vorbei, wieder Flieger. Geschützdonner flaut ab, frischt auf. Neue Artillerie. Tränkt am Dorfteiche. Unsere Spitze kommt und nimmt Quartier. Flieger andauernd niedrig hin und her, zwei, drei auf einmal. Unendliche Züge Artillerie, – hinüber und herüber. Fliegerautos. Fourageautos eine Viertelstunde lang. Aeroplan.

Regnet und regnet. Geschützdonner ununterbrochen. Motorradler. Ungeheure Truppenmengen ziehen durch. Furchtbares Durcheinander. Befehl: Schlacht und Übermacht. Wir richten uns darauf ein, verteilen Räume, da kommt ein Offizier und teilt mit, daß wir sofort weiter müssen, da Franzosen vordrängen. Also los in aller Eile. Furchtbare Fahrt zwischen Autos, Artillerie, in strömendem Regen. Wir nehmen Stellung ein. Scheinwerfer. Werden von Sanitätern und Artillerie zurückgedrängt. Bekommen Rückordre und haben dieselbe greuliche Rückfahrt. Unterkunft in einem Dorf. Ich in Raum mit Offizier[en] und Feldwebeln und *Unteroff[izieren]* auf Stroh.

Sonntag, 13. 9. (rote[r] Sonntag). Morgens derselbe Trubel. Wir fahren hin und her, bis wir endlich Anschluß an Kompagnie finden. Ziehen wieder weiter, warten lange im Felde, bei Regen auf Dreck, laufen über fußhoch erweichte Wege, liegen auf Stroh unterhalb [eines] Forts. Unsere Artillerie ganz nahe feuert. Im Fort schlägt eine grobe Granate ein. Rauch, Trümmer usw. Nach einer Weile noch eine viel schlimmere, daß der ganze Berg zittert.

Dann geht es im Eilschritt hinter dem Fort vorbei durch Wald an unserer schweren Artillerie, die vor Wald steht und über ihn hin die Franzosen befeuert. [*Randbemerkung:* Tote Pferde. Verlaufene Pferde. Herrenlose Hunde. Kaputte Räder.] Wir liegen lange im Schwarzkiefernwald, dann durch ihn hindurch und mit [»]Sprung Marsch Marsch[«] weiter, bis es heißt: »Halt.« Wir liegen kaum, da bekommen wir Granatfeuer, rechts und links schlagen Granaten ein. (Rotkehlchen, Waldgrille.) Erst lustige Stimmung. »Grüß Deine Großmütter!« usw. Aber da wird ein Baum zerschlagen, einer von uns leicht verwundet, noch einer, einer in die Feldflasche geschossen, einer in den Tornister, und der Himmel ist grau, es regnet wieder, und alles wird gedrückt.

Einige graben sich ein, andere ducken sich platt, andere kriechen unter die Tannenzweige, und in der Luft heult und pfeift, jault und flötet, brummt und knurrt es unablässig. Granate auf Granate schlägt bei uns ein, es regnet Äste und Blätter, ein Sprengstück, scharf und zackig, fällt vor meinen Nachbarn hin, und dann heißt es: »Ein Schwerverwunde-

Bétheny, Ruine der Kirche

ter!« (Sürig) Er wird fortgetragen. Sein Gewehr ist in der
Mitte zersprengt, seine eine Patrone ausgebrannt, der Pa-
tronengürtel verschwunden. Er hat schwere Brandwunden
im Gesicht, hat Daumen und Zeigefinger an der rechten
Hand verloren und in der Seite große Wunde. Ernsthaft
wird die Stimmung.

Der Feind befeuert uns lebhafter, unsere Artillerie zieht
sich den Berg hinab und bringt ihn mit ihren groben Geschützen zur Ruhe. Der Himmel wird hell, die Stimmung
besser. Alles baut sich Schanzen zum Schlafen.

Befehl: »Alles niederlegen! Feindl[icher] Flieger über
uns!« Sobald er fort ist, wird weitergearbeitet und ich bekomme Zigaretten geschenkt, gebe Sardinen dafür. Leutnant v. E[inem] bekommt Zigaretten geschenkt von Gemei-
nen und ist sehr froh. Wir teilen Brod, Wein, und [ich] den-
ke⟨n⟩, in den Himmel starrend, an das Leben und an die
wenigen Leute, die ich lieb habe.

Das Geschützfeuer zieht sich vor dem Berge weiter in das Tal. Ich achte kaum mehr darauf. Die zwei Stunden im lebhaften Granatfeuer haben mich wie die anderen abgebrüht. Es ist so 5 Uhr [nachmittags] geworden. Himmel ist blau und weiß. Sonne fällt durch die jungen Schwarzkiefern und Fichten. Hagebutten und Mehlbeeren. Die Espen schwanken. Bald der, bald der kommt und fragt nach Tabak oder Brod.

Leutnants Geburtstag. Ich bekomme Glas Wein und gratuliere. Spreu für Lager gesucht. Der ganze Wald ist voll von Scheiße und Granatstücken. Schwerer Donner unserer groben Geschütze.

6 Uhr [nachmittags]. Die Franzosen schicken wieder Granate auf Granate herüber. Sie heulen wie Hunde und unsere schweren brummen zornig. Sehr viel Hohlbläser. Viel Munition, aber schlechte drüben. Maschinengewehrfeuer vor uns. Flieger! Wir drücken uns. Sofort setzt Granatfeuer lebhafter ein. Gelbe Wolken. Fortwährend platzen Granaten vor uns, dann kommen sie fortwährend, platzen aber erst hinter uns, da sie unserer Artillerie gelten. Fern hört man den Flieger, das furchtbare Knallen unserer groben Stück[e]. Das ferne Bollern am rechten Flügel.

Wir bauen uns schöne Laubhütte. Matratze aus Tannhecke, Baldachin ebenso. Sind just dabei, uns in die Mäntel zu hüllen, da heißt es: »Weiter!« Mürrisch gehorchen wir, krabbeln aus dem dunklen Walde hinaus, stellen uns auf, was nicht leicht ist, da 74er und 91er zwischen uns, und warten. [*Randbemerkung:* Scheinwerfer. Totenvogel und Regenpfeifer rufen unablässig. Der Pole flucht. Halucination />Halluzination/, Übermüdung.]

Bétheny, 14. 9. 1914

14. 9. 1914. Montag (blaue[r] Bohnentag). Wir sind dem aktiven Regiment zugeteilt, behalten v. Einem, verlieren aber Rohde. Endlich werden wir zur Feldküche geführt. Einige bekommen etwas Suppe und einige Kaffee, die meisten nichts. Gebrumm. Alle plagt Hunger und ein schlimmer Durst. Wir ziehen zu sechs Mann und einem Unteroffizier los, um vor dem Feinde Wasser zu holen. Finden nichts, gehen zurück und durch Wald, der ganz von unserer Artill-[erie] besetzt ist, nach einem Gute, wo wir Kochgeschirre und Feldflaschen füllen.

Es werden emsig in steinhartem Boden die Schützengräben gearbeitet. Sehr schwere Arbeit. Die Schützengräben sind knapp fertig, da beschließt die feindliche Artill[erie] und Inf[anterie] unsere Stellung, geht dann aber gegen unsere Artillerie vor. Die schweigt lange, antwortet dann aber in gröbster Form. Ihre Haubitzen schleudern eine der riesigen Granaten nach der anderen in die feindl[ichen] Stellungen. Jedesmal heult sie an uns vorbei, endet dann mit ungeheurem Knall und hinterläßt eine weiß[e] Wolk[e]. Es wird immer toller! Maschinengewehr, Infanterie, leichte und schwere Artillerie. Schuß um Schuß, Salven, Doppelkrach. Wir sind schon dran gewöhnt. [*Randbemerkung:* Sternklar. Sirius. Goldregenpfeifer über uns (Flieger! Gelächter.) Lerchenfalke jagt Lerche im Granatfeuer.]

Schließlich platzen einige Granaten bei uns, und das paßt den Leuten gar nicht. Sie drücken sich in den Graben. Erst schläft der eine, dann alle. Wenn die Granaten von uns zu dicht über uns fortsausen, lächeln wir und lauschen auf die

Explosion. Das Feuer wird immer fürchterlicher. Ich kann nicht sitzen, nicht liegen, nicht stehen in dem engen Graben. Botanisiere mit den Augen blauen Rittersporn, rosiges Löwenmaul, eine rosarote andere Blume. Plötzlich werden wir sieben unter ein furchtbares Granatfeuer genommen. Eine nach der anderen schlägt ein oder krepiert in der Luft und überschüttet uns mit Sprengstücken, Sand und Gestank. Wir drücken uns ganz tief. Einer sagt: »Wir sind verloren.«

Endlich kommt uns unsere Artillerie zu Hülfe. Aber 100 Granaten schlagen bei uns ein. Und keiner getroffen. Eine Pause. Dann Gefecht bei dem Hof, der vor den Forts liegt. Dort qualmt es schwarz und gelb und grau, und Granate auf Granate schlägt ein, und hinter uns hilft Artillerie von uns noch mit den groben Haubitzen.

Ein Radfahrer fährt Weg hinauf, und sofort eröffnen unsere ein lebhaftes Schnellfeuer gegen die Franzosen recht[s]. Mit Hui und Pfui gehen Geschoß auf Geschosse über uns hin. Unsere Artillerie bringt sie mit ihren groben Haubitzen zur Ruhe. Jedem Schuß folgt Explosion. Bei französ[ischen] Granaten oft neun Versager auf zehn Schuß. Auf dem rechten Flügel in der Ferne bullert es immerzu. Wir werden plötzlich wieder von Granaten und Inf[anterie] angegriffen, wehren uns mit Inf[anterie] und Maschinengewehren, die vor uns stehen in Schützengraben. Ein tolles Getrommel.

Und das geht mit kurzen Pausen so bis 5 Uhr nachm[ittags], sodaß wir nun zwölf Stunden im Feuer liegen. Und immer noch bullert es links laut und rechts leiser, und unsere Haubitzen schmeißen über uns aus Wald Granate um Granate gegen den Feind. (Die Schlacht soll nun schon zehn Tage währen.)

Die sechs anderen schlafen im voraus bei dem Kanonendonner. Heute nacht gibt es doch keinen Schlaf. Ich finde, der Schlachtenlärm erinnert an Fabriklärm. Er regt mich nicht auf, erfüllt mich mit Widerwillen. Die Granaten rauschen raschelnd über uns hin. Jedesmal zieht der Schlosser

(Koch) Knorr den Nacken ein und lächelt zweideutig. Und nach einer langen Weile kommt unten aus dem Tal die grobe Explosion.

Ein Rebhahn lockt sein zersprengtes Volk zusammen. Lerchenfalke ist wieder da. Signal: Das Ganze halt! Die Franzosen beschießen über uns weg den Wald. Ich versuche zu schlafen trotz des Geknalles, Gedonners und Geheuls. Es rauscht wie Brandung über mir 1/[2] 8 [Uhr abends] Nahfeuer eingestellt. Rechts noch immer Fernfeuer. Dann Schluß.

Wir vertiefen Graben, helfen den Leuten von Bagage, die gerade ankommen, einen zu bauen, erhöhen den Wall, verdecken jeden weißen Mergelstein mit brauner Ackerkrume und gehen dann zur Feldküche, wo es gerade umgekehrt so geht, wie v. E[inem] befohlen hat. Links lebhaftes Vorpostenfeuer. Es brennt an drei Stellen. Halbrechts ein Hof in der Nähe. Käuzchen. Regenpfeifer. Hier und da ferner Schuß. Roter und gelber Schein am Himmel, dann sternklar. Prächtig[er] und feierlicher Himmel. Käuzchen ruft. Der Pole flucht ihm. Hell strahlt der Sirius.

15. 9. 14, 5 Uhr geweckt vom Feldwebel. Verdecken schnell jeden Stein in der Nähe, decken die weißen Einschlagtrichter in der Nähe zu, und um 1/2 6 Uhr beginnt der Franzose am linken Flügel einige bon jours zu rufen. Wir lachen und sehen uns trübe an. Wie die Schweine sehen wir am Gesicht, [an] Händen, Zeug und Stiefel[n] von dem Mergel und Lehm aus. Seit vier Tagen nicht gewaschen. Wie wird der Tag werden? Wieder so tatenlos wie der letzte? Der rechte Flügel wird angreifen, heißt es, wir aber nicht. Wozu reden von Vergangenheit und Zukunft[?] Das beste ist schlafen. – Da setzt über uns unsere schwere Artillerie ein und schickt den Franzosen die Morgengranaten, und ein Maschinengewehr beginnt, seine gräßlich trockene Blutmelodie zu spielen. Eine dicke Hummel summt vorbei. Granaten zerraspeln rechts die graue Morgenluft. Von uns sechs schlafen vier.

Ich bespreche mit dem Koch den Erfolg der gestrigen Kanonade[:] Ein Verwundeter und ein Toter (Gohrgrewe mit dem roten Gesicht). Ein sehr mäßiger Erfolg für die Franzosen.

Ich knufe das saure, schimmelfleckige, klebrige Brod mit Widerwillen runter. Des Kochs Gehilfe schnarcht. Der Koch starrt vor sich hin und kaut langsam Soldatenzwieback. Die Franzosen schmeißen zehn Granaten in den Wald links. Die vordere Linie der unseren antwortet mit Inf[anterie]-Feuer. Auf dem rechten Flügel setzt Feuer wieder ein. Unsere Artill[erie] im Walde antwortet den Franzosen. Das Feuer wird lebhafter. Die Franzosen sollen umzingelt werden. Eine Granate heult über uns hin in den Wald und krepiert dort (»Bon jour!« Alles lacht). Noch eine. Fliegen nach den Schützengräben des 3. Bataillons, das gestern die französ[ische] Art[illerie] schwer beschoß. Granate auf Granate heulend und jaulend über uns hin. Mitten im Krach lockt Rebhahn. Unteroffizier rennt vorbei und verlangt Namenliste. Patrouille von zwei Mann stürzt schweißgebadet atemlos bei uns nieder, verschnauft Augenblick, fragt nach Hauptmann und stürzt weiter.

Überall Feuer, nah und fern. Turteltaube schwingt sich in Baum am Weg, da Granaten sie aus Wald verjagt. Jetzt setzt unsere Artillerie ein (großer Bruder spuckt). Ab und zu hinter dem Weg ein Inf[anterie]schuß. Unser linker Flügel arbeitet mit Maschinengewehr, lange Salven. Noch immerzu das Getrommel und Gerausche, und immer das Donnern der fr[anzösischen] Kanonen und das Pfeifen der Granaten über uns hin und das Donnern unserer Geschütze als grobe und ablehnende Antwort.

Sonne 1/2 8 [Uhr morgens geht auf]. Ammern fliegen, Finken locken, Spinnen und Käfer kriechen. Schwalben zwitschern lustig. Wespen, Fliegen. Elstern fliegen schakkernd hoch vorüber. Granaten kommen näher. Hänflingeflug zwitschert vorüber. Alle Leute bei mir horchen danach hin, mehr als nach Schüssen und Granatengewinsel.

9 Uhr. Franz[ösischer] Flieger über uns. Sofort lebhaftes Granatfeuer über uns fort. Hört auf.

10 Uhr wieder der Flieger. Sofort erneutes, besser gezieltes Feuer gegen uns von großer Heftigkeit. Unsere Granaten sausen endlich auch los, und die anderen schweigen allmählich. (Linaria spuria. Kronsberg alte Gerdes.) Wieder der Flieger.

11.25 [Uhr]. Alles ruhig. Wir reden, waschen, rasieren, Tasse Kaffe[e], Zigarre. Ich sehne mich nach Bad, Waschanzug, und dann mit meinem guten Mädchen ausgehen und mich an ihrer Sauberkeit freuen. Augen voll Dreck. Nase,

Schützengraben

Gesicht, Hände voller borkiger Wunden. Ein Schweineleben. Wieder surrt der Flieger. Wieder fliegen Granaten. Er geht nach linkem Flügel. Dahin wird gefeuert. Wir wollen uns schon wieder recken, da werden wir ½ Stunde lang schwer unter Feuer genommen. Schuß. Echo vom Wald. Geheul, Einschlag, Bodenerschütterung, Explosion, Gestank, Sprengschüsse, Kugeln. Es hört gar nicht auf und so lege ich Kopf gegen Grabenbord und schlafe.

Ich habe ½ Stunde der Kanonade glatt verpennt. Fast alle Kameraden im Graben schlafen. Flieger. Neues hageldichtes Feuer. Ich schlafe ein und wache erst um 12 Uhr auf. Haben über zwei Stunden Granatfeuer gehabt. Beine steif vom krummen Stillsitzen. Deutscher Flieger kommt von fr[anzösischer] Stellung her und fliegt zum rechten Flügel. Granatfeuer setzt wieder ein. Das langweilt uns. Noch einer, noch einer. Alle drei nach versch[iedenen] Richtungen kreisend.

1 Uhr [mittags]. Ich habe wieder eine Stunde glatt geschlafen trotz Schießerei. Flieger ziehen hin und her. Drüben beim Fort mächtige Kanonade. Ab und zu Inf[anterie]feuer. Der Hof zwischen Fort und Pappeln vor Wald ist in Brand geschossen. Ab und zu Granaten nach dem Wald hinter uns, manche dicht bei uns einschlagend. Wir kümmern uns nicht darum, höchstens kritisieren wir es, schätzen Entfernung, sehen der Patrouille zu, die vom vordersten Schützengraben vorgeht und im ⟨S⟩Chausseegraben liegen bleibt, und dem Kampf um den großen Hof, aus dem abwechselnd rotgelbe, weiße und grau[e] Wolken hochgehen.

2 Uhr [nachmittags]. Mein Mittag ist ein verschimmeltes Stück Brod und ein Schluck warmes Wasser, dazu der Geruch des Kotes, den eben ein Mann absetzt. Auf meinem Notizbuch Pterodela pedicularia (28 Jahre sind es her, daß ich Holzläuse suchte). Steinschmätzerpaar nimmt auf Einschlagkegel Platz (welche Form mag es sein?). Viele Wespen.

Wenn man nur wüßte, wie es mit uns stände, und wenn man genießbares Brod und Wasser hätte und nicht bei jeder Gelegenheit unnütz grob behandelt würde.

Unsere Granaten rasseln wie Ackerwagen, die französischen heulen wie Hunde oder winseln und jaulen, unsere Explosion ist furchtbar, ihre unangenehm. Granaten treffen meist schlecht, aber doch ab und zu eine bei Schützengraben, Erdbrocken und Staub hoch aufwirbelnd. Unten bei erster Linie Maschinengewehrfeuer. Inf[anterie]geschosse zwitschern und flöten über uns hin. Alles schläft, man ist die Sache gewöhnt. Der Schlosser bietet fünf Mark für eine Nacht im Bett. Querschläger schnarrt und fällt bei mir hin. Flieger segelt brummend dahin. Jetzt eine Stunde im Walde

liegen können und die Beine recken, welche Wonne, trotz-
dem/>obwohl/ alles voll von Scheiße ist.

1/2 5 [Uhr nachmittags]. Habe bis dahin geschlafen. Heftiges Granatfeuer gegen uns. Mannschaft macht Witze,
Feldtelephontruppe kommt angelaufen. Furchtbare Kanonade von uns nach drüben. Und von den Franzosen nach uns
auch starke. Zwei Flieger sehr hoch. Ewige Frage: Feind
oder Freund?! Es wird nach ihnen geschossen, aber vergeb-
lich. Unsere Leute befeuern in schlimmer Weise die franz-
[ösische] Art[illerie]stellung. Furchtbar ist der Knall der Ex-
plosionen und gewaltig der Rauch! Lediger Gaul trabt die
Straße entlang. Wieder wird einer unserer Flieger vergeb-
l[ich] beschossen. Der Merlin jagt.

6 Uhr [nachmittags] ist es. Das Granatfeuer wird munte-
rer. Es regnet wieder. Es kommen Granaten an. Die Franzosen feuern lebhafter, unsere antworten. Regenpfeifer. Unsere Groben bringen die französ[ische] Art[illerie] zu Bett.
Brände.

16. 9. 1914. Infanterievorpostengefecht. ⟨*Gestrichen:* Essen
holen, Durcheinander, Käuzchen, Regenpfeifer.⟩ Regenpfeifer. Käuzchen. Wir heraus aus Schützengräben. Bekommen Granatfeuer. Regen. Essen holen. Regendach bauen.
Gemeiner Regen. Regendach bricht ein. Infanteriefeuer –
nee, Platzregen. Nachts heftiges Granatfeuer gegen unsere
Stellung. Es blitzt um uns und schlägt dicht bei uns ein.
Brand. Schlecht schlafen.

Wecken um 4 Uhr [früh]. Feldmarschmäßig antreten zur
Entscheidungsschlacht. Wieder in Schützengräben, da
10. Reservearmeekorps Verspätung hat.

8 Uhr. Regen. Haidlerche. Rechter Flügel geschossen, ab
und zu Inf[anterie]schuß. Franzosen lassen uns in Ruh. Sind
sie fort oder glauben sie es von uns? Elster schackert. Rebhahn lockt. Es regnet. Wir sehen wie die Schweine aus.
Frühstück. Speck und Brod. Unsere Leute eröffnen ein
langsames Feuer.

Um 10 Uhr gehen 18 Mann von uns aus der vorderen
Schützenlinie in drei Abteilungen mit großer Bierruhe vor
bis zur Landstraße, schießen sich mit den Franzosen herum,
gehen langsam zurück, werden unter Maschinengewehrfeuer genommen, machen aber nicht schnellere Schritte und
gehen langsam in ihre Gräben zurück. Franzosen beschießen das Gehöft. Ein Wunder, daß es noch steht! Rechts und
links donnern unsere. Patrouillenführer gehen unverfroren
nach dem Bataillonsführer.

Es hellt sich auf. Schwalben spielen zwitschernd. Offiziere reiten hinter Schutzstreifen des Waldes hinter uns.

Frz. 7,5 cm-Feldkanone

Fraglich, ob wir ins Feuer kommen, da das aktive Regiment zu sehr gelitten hat. Unsere bombardieren heftig grob und fein die feindl[ichen] Stellungen hinter der Straße und die Bahn nebst Brücke. Sie stehen dicht hinter unserer letzten Schützenlinie im Walde und speien andauernd brüllend Tod und Verderben. Die Franzosen antworten von rechts und links erst schüchtern, dann heftiger. Ich gehe cacandi causa in den Wald. Da sieht es böse aus. Zerschrammte Stämme, verwühlte Erde, Zünder, Sprengstücke, lange gelbe Messingpatronen, wie ich sie in Hannover fahren sah, Hülsen, Verhaue, Pullen, Faecalien.

1/2 12 vorm[ittags]. Alles schläft bei Kanonendonner bis auf Patrouillen. (Ich denke an [den] toten Homann, den ersten 73er, den ich kennenlernte, im Kleinen Pferd, als ich genommen war. Schade! Famoser Mann!)

12 Uhr. Sonne. Insektengesumme um die roten, blauen, gelben, weißen Stoppelblüten und furchtbares Duell zwischen unserer und der frz. /> französischen/ Artillerie. Die ganze Straße lang vor uns ein blauer Dunst mit schneeweißen Dampfköpfen, die sich hoch in die Wolken recken.

Ohne Aufhören schmeißen wir die groben Granaten gegen den Wald da unten. Abteilungen ⟨*Gestrichen:* Patrouillen⟩ rennen in die Waldecken, immer mehr. Unsere Leute, die unter dem Schutze des Art[illerie]feuers die Schützengräben verlassen. Auf die Explosion unserer Granaten antwortet unser Wald, aus dem sie kamen, behaglich knurrend. Schrapnells platzen krachend in der Luft, grauen oder gelben Rauch verbreitend. Ihre Kugeln summen wie Hummeln oder auch wie Mistkäfer, die sich plötzlich ins Gras setzen. Die Haubitzen arbeiten planmäßig, setzen Granate neben Granate, sodaß Dampfwolke neben Dampfwolke da unten steht. Fortwährend rücken unsere Leute aus Schützengräben zum Walde. Französische Flieger in 2000 M[eter] Höhe über uns.

1/2 4 Uhr [nachmittags]. Die Franzosen beschießen die Füsiliere, die aus den Schützengräben zum Walde ziehn mit Schrapnells, daß es in der Luft blitzt und qualmt, und Granaten, daß Erde und Rauch spritzt, aber sehr weit ab und hinterher. Ich halte Feldwebel Sarstedt derweil Vortrag über Staphyliniden.

Die Franzosen besäen das ganze Feld mit Granaten. Erfolg 0,0. Erzählen uns allerlei. Das schlechte Brod, der geile Speck, der dämliche gleichgültige Doktor (Speckbrooks Finger, Unzahl, der Mangel an jedem Tabak). Reden von Sürig, Homann. Off[izier]-Stell[vertreter] Brückmann, vermißt mit zwei Schlachtern, von Bétheny auf Pflege gefahren.

Feld- und Flurschaden machen sie. Der Acker ist für die

nächsten Jahre unbestellbar wegen der Blindgänger. Die Franzosen schrapnellieren vergebens die Waldecke rechts und links. Hoher Himmel. Vier Flieger dran. Nach den deutschen wird schrapnelliert.

6 Uhr [nachmittags]. Die Unseren fangen wieder an, die Franzosen antworten. Bombardement in der Mitte der Schlachtlinie. Brandwolken hinter Weg. Schießen nach Fliegern, die Franzosen. Ein französ[ischer] Doppeldecker wird achtmal von unseren Haubitzen beschossen und beinahe getroffen. Es taucht plötzlich eine Wolke bei ihm auf, blitzt und kracht, vergrößert sich und steht als seltsames Gespenst am Himmel. Fern Maschinengewehr. Turteltaubenpaar schwenkt vorbei. Berge ganz klar. Also morgen schlecht Wetter. Es brennt an zwei Stellen vor den Bergen, ferner rechts und links von uns. Zwei andere Flieger werden von uns beknallt. Elster schackert, Falke jagt. Sonne geht schlecht (gelb) unter Brandwolken unter.

7 Uhr [abends]. Unsere knallen in den Wald mit Haubitzen. Es qualmt und blitzt unheimlich, als wenn eine ganze Stadt brennt (wahrscheinlich Kriegsmaterial). Brauner, kalkblauer Rauch. Wir sehen nach den Bergen, da schrapnelliert man nach uns, daß das Feuer sprüht und die Kugeln spritzen. Rechts Kleingewehrfeuer. Käuzchen fliegt hoch über uns weg. Rebhahn lockt. (In drei Tagen ein Toter.)

⟨Gestrichen: Wir gehen zur Feldküche, bekommen ein bißchen Suppe und⟩ Dann heißt es arbeiten an Gräben, bombensicher mach[en]. Feldwebel wird zum Hauptmann gerufen und sofort heißt [es]: »Marschfertig machen, an Feldküche essen, warten bis Bataillon kommt, Ruhetag im Quartier.[«] Alles freut sich auf ausgestreckt liegen und waschen. Essen ein bißchen und dann liegen wir in der feuchtkalten Nacht fluchend bis 5 Uhr früh. Der brennende Hof, märchenhaft mit stetig wechselnden Dampffratzen. *[Hier Zeichnung 2]*

Cernay-lès-Reims, 17. 9. 1914

17. 9. 14. Cerny / >Cernay-lès-Reims/. Reserveregiment an uns vorbei, dann unser Bataillon. 5 Uhr [früh] losmarschiert in Eilmarschtempo im Bogen nach Cern[a]y. Erst heißt es, wir gingen in Reserve, dann heißt es, greifen ein. Wilder Marsch. Furchtbarer Dreck, tote Pferde, Rebgärten. Werden auf Marsch beschossen. Blindgänger, Zünder, Autos, Räder, Uniformstücke, Säbel. Soldaten in englischen Mänteln. Vom Franzosen gesprengte französ[ische] Kanonen. Wir schwitzen.

Bei Cern[a]y hinter Hofmauer Halt. Steckrüben gegessen, Äpfel. Gegenüber hinter buschigem Hügel Batterie, die fortwährend schießt. Schwarzpappeln rauschen, Truppenzüge marschieren, von Reims wird auf marschierende Kolonnen über Berg geschossen. Man drückt sich sofort hinter Diemen. Über kahlem Stoppel- und Saatberg kommt ein Zug Infanterie im Laufschritt und lagert unter den Pappeln, Witze unserer Leute: »Ruhetag! Quartier!« Flieger. Die alte Musik. Dröhnen der Salven und Einzelschüsse, Heulen der Geschosse, Einschlag, Kommando der Batterie. Es bullert im Tag und knallt auf der Höhe. Eisiger Wind für uns durchschwitzte Leute.

Aus Café Masson kommt ein Mädchen oder Frau, Kind an der Hand, blond, sieht sich erschrocken um und geht wieder ins Haus. Vier Offizier[s]pferde zucken bei jedem schweren Schlag zusammen und legen Ohren nach vorn. Acht Mann vom 1. Zuge gehen zum Bahnwärterhäuschen, wo der Hauptmann ist. Deutscher Flieger wird beschossen. Radler, Reiter, Offiziere, ewiges Gebuller und Geknalle, wieder Flieger und wir frieren und schnattern an Mauer. (Die Strohbündler.) Unsere Kanonen gegenüber knallen hart und kurz. Hinter arg zerschoss[ener] Obstgartenmauer lagern wir in Strohpackung. Es regnet. Von Kaffee />Café/ Masson beobacht[en] unsere Offiziere Wirkung der Schüsse, vom Berg danebem andere.

Unsere Soldaten haben Hände voll Honigwaben und freuen sich wie die Kinder. Artillerie zieht ab. Wir bekommen von dem ihr zugedachten Granatfeuer ab (Isolator). Ein Mann Zeugriß. Gräßliches Wetter. Furchbare Kanonade. Ich liege neben Feldwebel in Stroh und Mantel vergraben und zittere und denke, ob das Wetter so schlimm ist, wegen des Blutes dieser Tage und lese immer wieder: Café Masson, *Hote wine*, Chocolat, *Menü*. Verwundete humpeln vorbei, werden getragen. (Drei Fahnenflüchter erschossen von kommandier[endem] General.) Radler, erschossenes Pferd.

Café Masson Schnaps gekauft. Das ganze Kaffee /ced>Café/ zittert von Kanonade. Tabakhandel.

Der Tomatengarten, Trauben, Kürbis, Melonen, Dahlien, 30 Bienenstöcke (schade), Granatgruben, Löcher in Mauer. Regen nachgelassen [um] 1/2 5 [Uhr nachmittags] (Zeit vergeht in Sturm). –

Dreckige Straße, flatternde Pappeln, Mist, Stroh, Abfälle, Lache, graue Mauern, Getreidefeld voll Diemen, von denen viele verbrannt zur Geländeklärung. Fahlgraue Straße voller Truppen. Rotekreuzkolonne, verwundete 74er, die schwer im Feuer waren, sturmartiger Wind, einzelne Rauchschwalben, Kanonendonner und Granatengeknalle. Der tote Gaul.

5 Uhr [nachmittags] fegen Schrapnells die Straße lang. ⟨*Gestrichen:* brennendes Dorf⟩ Es wehen lange Rauchwolken um die Ecke des Tomatengartens. Ein Dutzend von den Dingern krepieren in der Luft. Drüben über dem verschleierten Hange blitzen als goldene Sterne fortwährend Schrapnellflammen auf. Die Luft brodelt und siedet und wallet und

brauset und zischt von dem Knall und Hall und Schall der Geschosse und ihrer Wirkungen. [*Randbemerkung:* Ich finde mein Gewehr (Nr. 2) wieder. Seit Buire vermißt. Rührendes Wiedersehen.]

Um 6 Uhr [nachmittags] plötzlich Befehl, vor dem Dorfe Aufstellung zu nehmen und Bahndamm zu halten. Bei strömendem Regen eilen wir dahin. Cern[a]y böse zerschossen. Äste auf der Straße, Blutflecken, Binden, Schuhe, zerschossene Fenster, Mauern, alles verschlossen und menschenleer bis auf Soldaten. Viele Verwundete werden eingebracht. Durch Arm geschossener 60jähriger Franzose.

Ich mache mir dicht bei der Straße mit dem jungen Schlosser Freise (74er) aus Wülfel ein Loch. Hart über meinem Kopf fegen sechs bis sieben Schrapnells hin und fallen in den gelben stark bewegten Ausschachtteich. Es regnet. Der Sturm rauscht in den Pappeln. Wir holen Stroh (ungedroschenen Weizen), (Schande), und machen uns ein schönes Lager. Kaum liegen wir, muß Freise fort.

Nach einer Weile kommen 73er von der Front. T[h]ölke aus Steinhorst schlupft bei mir ein. Er kommt aus dem Kampf. Hat Madeira, Brot, ⟨*Gestrichen:* Zigarren⟩, holt ganzen Napf Essen. Wir biedern uns an, essen, trinken, decken uns zu und schlafen gerade ein, als wir abgerufen werden.

Andere Einteilung. Werden 3. Ko[mpagnie]. Sarstedt Führer. Neue Löcher buddeln. Ich verzichte, rode mich mit Speckbrook in Dieme ein. Wunderbarer, sternklarer Himmel. Sehr kalt und windig. Ich schlafe mäßig in dem nassen Zeuge. [*Randbemerkung:* Rechts und links von dem Bahndamm die brennenden Diemen.]

Vor Reims, 18. 9., 4 Uhr [früh]. (Freitag). Die Franzosen beginnen zu kanonieren. Ziehe mich an, lege mich wieder nieder und starre in den sternklaren Himmel. Es wird heller, ich stehe auf, höre Spitzhacken und Schaufeln, finde einen alten französischen Schützengraben, beziehe ihn, werde in den des Feldwebels gerufen, mache es mir da wohnlich. Nun sitzen wir und quatschen. Wildhagen, gestern mitgefochten und die Nacht über Wache gehabt, wird mit hineingenommen. Unsere 21-cm-Kanonen brüllen. Die Franzosen schrapnellieren uns, aber nicht sehr fleißig. Wir sind in bombensicherem Graben mit Buchten.

Himmel blau mit verdächtigen weißen, gräulichen Wolken. Landschaft verschleiert. Kathedrale von Reims rosig daraus hervorschimmernd. Die Franzosen schicken mehr Schrapnells über uns fort. Ich wasche mich, indem ich in die Hände spucke und den Dreck abwribbele. Gewehrfeuer vorne rechts. Heulen der Schrapnells. Unsere groben Geschütze brüllen gefährlich.

Sonne wärmt ein wenig. Haubenlerche ruft. (Klö⟨h⟩nerei: der Schießplatz mit den englischen Schiffsgeschützen, die unsere leichte Artillerie vernichtete, der Flieger, der in das Artilleriebiwak bei Reims drei Bomben warf, zwanzig Pferde und einen Mann tötete.) Das erzählen wir uns. Was in der Welt vorgeht, wissen wir Höhlenmenschen nicht, am wenigsten vom Kriege. Zeitungen haben wir seit Chaud Fontaine />Chaudfontaine/ nicht mehr gesehen. (5. 9.) Nun seit gerade acht Tagen nicht mehr gewaschen, keinen Stiefel ausgezogen, nicht gekämmt, keine Wäsche gewechselt. Die Hände von schwarzer Borke bedeckt, Nase voll Dreck innen, Hemd schmierig und schwarz. Uniform halb wie Müllergeselle, halb wie Töpfer. Wir schlafen.

1/2 2 [Uhr nachmittags]. Kanonade und Schrapnells schärfer. Dann gehe ich zu den Diemen, wo Feldwebel Helling und zwei Unteroff[iziere] liegen, putze 4550 und klö⟨h⟩ne. Offizier kommt und klö⟨h⟩nt mit. Graue Helme bewegen sich in Gräben. Im Park hinter Hecke wiegen sich die Zweige. Spatzenschwarm fällt bei Diemen ein, Schwalbe saust mit spitzem Schrei vorbei. Einzelne Schüsse von unser[er] 21[-cm-Kanone]. Wir klö⟨h⟩nen, der Feldwebel, vier Unteroff[iziere], ein Off[izier] und ich. Bekomme Zucker, Brod und eine nasse Zigarre, die ich in der Hos[en]tasche trockne und in die Pfeife stoppe. Drehgrammophon, Spiegel. Ich sehe anders aus. (Zwei Tote von gestern gefunden von Patrouille, wird / >werden/ im nahen Park beerdigt.) Maschinengewehr rattert. Einzelne Schüsse. Wein aus verlassener Villa.

6 Uhr [nachmittags]. Ein deutscher Doppeldecker kommt vorüber. Ein Verwundeter, der von gestern noch mit Oberschenkelschuß im Felde lag, wird gefunden. Brandwolke, rauchgrau, kommt von Reims. Darüber steht deutscher Flieger. Andauernd quasseln sich unsere 20 cm / >21-cm-Kanonen/ nach Reims hin.

Abends in Dieme eingerodet. Kaum drin, müssen wir Grenadieren Platz machen. Eilmarsch durch Dreck und Dunkelheit (mit Verlaufen) und in strömenden Regen. Warten auf Landstraße stundenlang, fürchterlicher Regen. (Halucination / >Halluzination/. Truppen scheinen mir entgegenzukommen.)

Endlich 5 Uhr [morgens] in Berru de Reims, Unterkunft in Stall bei 2. Gardeulanen. (Ich werde krank, weil schon vier Tage nicht aus nassen Kleidern.) Bleibe im Heu bis 10 Uhr. Katzen quarren die ganze Nacht. Haferdisteln stechen.

Berru de Reims, 19. 9. Bekomme Tabak von Gardeulanen und Essen. Klö⟨h⟩ne mit Ulanen im Hof, treffe P.-L. Lampe auf Straße. Mein Zeug alles naß, auch Hemd und Unterhose. Wärme mich in Sonne. Esse noch mal mit den Detmolder 15er[n] (Inf[anterie]). Fortwährend brüllen unsere Geschütze, grobe und feine. Reims steht schön teilweise in Flammen.

Laufe mit Küche. Treffe 15er. Höre, daß 74er vorne sind. Allein weiter. Wald, Dreck, tote Pferde, Wagen, neue Feldtelegrafen. Blick auf verqualmtes Reims, überall Flammen. Raste an Schwarzfuhrwald, Haidblumen, keine Callune.

Frage und frage und erfahre nichts. Sonne, Wind, Wolken. Artillerei im Galopp. Radler 64er. Böse Kanonade auf Reims. Laufe, treffe in Café Berliner Artillerist, dann einen 73er vom aktiven Regiment. Wärme mich mit ihm bei den Mindener Pionieren am Feuer. Flammen prasseln. Kartoffeldunst und Kanonendonner. Autos. Goldrute wiegt sich im Winde. Sonne auf Stoppel und Dreck (Gold & Silber). Centaurea, rote stengellose Distel, rosa Skabiose, Thymian, Cornus mit blutroten Blättern.

Zurück nach Berru. Artilleristen nehmen uns auf Protze mit nach Berru. Truppen über Truppen.

Nach Witry-lès-Reims (Marne). An toten Pferden in Menge, Stroh, Rädern, Achsen, Schläuchen, Hufeisen, Strohsäcken, an Forts vorbei. Gegenüber Soldatengräber mit Helmen und Blumen und Kreuzen. Weiter im Dreck an den Kolonnen vorbei. Endlich in Witry.

Gräßlicher Trubel. Gardegrenadiere, 164er, 74er, 79er,

Artillerie. Rufe: »Halt. Rechts ran, voran. Halt, links ran.«
Autohupp, Radler, Gerassel. Kaufen Brod usw. bei Deutschen aus Hamburg. Werden von ihnen weiter wegen Schla-
fens gewiesen. Essen bei französis[cher] Familie. Spiegelei,
Brod, Tee, Kaffee (den wir geben), Gurkensalat. Wir geben
Tabak. Große Freude. Kinder kriegen Soldatenkakes. Wir
sprechen französisch, so gut es geht. Die gute Nachtküsse-
rei.

Hauptstraße von Witry-lès-Reims

Witry[-lès-Reims]. (Sonntag) 20.9. Gehen um 1/2 5 Uhr [früh] los. Suchen Bataillon. Finden es nicht. Wieder zurück. (Graues Wetter.) Weiter suchen. Nach Vresnes / >Fresnes-lès-Reims/ zu. Treffen versprengte 73er Offiziere. Wissen kein[en] Bescheid. Dann Dutzend 73er Mannschaften, warten mit denen bei Forts. Blick auf qualmendes Reims. Rauch und Flammen. Viele Truppen vorbei. Eisiger Wind. [*Randbemerkung:* Offiziersgrab.] Wir gehen bis Vresnes />Fresnes/, warten dort vor geschlossenem Kaffee />Café/ auf Stroh in Sonne. (Kein Essen zu haben.) Braunschw[eiger] Husaren, Artillerie liegt und zieht durch, 74er,

Witry-lès-Reims

53

97er, Rotekreuzautos, reitende Feldpost (nimmt meine Post mit). Viel[e] eiserne Kreuze bei Husaren. ⟨*Gestrichen:* Noch ein Fo⟩ Immerzu kommt Artillerie durch und Generalstab, Autos. Immer dasselbe und doch stets andere Bild. Weiter, unsere Bagage suchend, finden sie nicht.

Lager in Graben, Blick auf abgeerntete Getreideebene. Zurück ins Dorf. Zwanzig Mann, gehen in Bauernhof, machen uns Kaffee. Baumlanger Gardeartillerist mit eisernem Kreuz (prahlt wüst rum). Klö⟨h⟩ne stundenlang. Es regnet. Unangenehmes altes Bauernpaar, verheimlichen das Trinkwasser. Werden frech. Artillerie hat Kuh in Hof geschlachtet, gi⟨e⟩bt uns Fleisch ab, das wir braten (herrlich!).

Dann roden wir uns auf dem Strohboden ein, müssen aber sofort weg nach Pomacle, wo wir in einer halben Stunde sind. Ich finde meine Komp[agnie] nicht, esse mit dem Unteroffizier, 10. Ko[mpagnie], Leber und Kartoffeln und Rotspohn und schlafe bei ihm hoch oben im Strohboden.

21. 9. Morgens 6 Uhr wach, suche Ko[mpagnie]. Spatzenge-
schwirre in Kastanie auf Marktplatz, viel militär[isches] Leben, Artillerist schnauzt wüst, Flieger kreist niedrig über alter romanischer Kirche. Höre von der Wache, daß v. Einem
tot sein soll (seine Ahnung bei meiner Verein/>d/igung),
liegt schwer verwundet in Witry. (Schade, daß ich es nicht
wußte.)

Dann auf Feld Ap[p]ell und Exercieren. (Schwalben fliegen vor unseren Füßen, weil wir ihnen Fliegen hoch machen.) Wachtel, Lerche, Pieper, interessante Zwergflora
(Gauchheil, Leinkräuter, Löwenmaul, Zwergmohn, Mohn,
Zwergknöterich, Zwerghederich und Millionen Schnek-
ken). Flieger ganz tief.

Leutnant Schwerdtmann ruft mich vor. Ist Tübinger Hohenstaufe (V-C). Es ist der 21. Der Kaiser kommt. (Ich
kriege neun M[ark].) Hurrah!

In Wirtschaft, wo wir wohnen, hängen vier Bilder von Jägers Leichenzug. Wir trinken ganz alten Bordoy />Borde-
aux/.

Nach guter Suppe Wein. Unser Feldwebel kriegt das eiserne Kreuz (große Gratulationskur). Höre, daß Spangenberg (der Dauerschläfer) gefallen ist. Es wird wieder etwas
kanoniert. Sta⟨a⟩r singt von der alten Kirche (gelbflechti-
ges Schieferdach) sein Abschiedslied.

3 Uhr [nachmittags] Regimentseinteilung. Gewitter weicht
uns ein. Lange warten. Auftrag: Kanalbrücke halten. Dann
durch lehmige Äcker schreckliche Wege. Sehe Ebeling endlich wieder. Hüber gibt mir Schmalzstulle (großartig).

Nach Fresnes, das stark zerschossen ist. Weiter nach anderem Ort, dann über gräßliche Straßen und lehmige Äcker weiter. Hase nach links(!) [*Randbemerkung:* Blökendes Lamm im Felde nachts.] Gewartet lange in Rüben. Husaren als Schatten vor und neben uns. Kaffee. Wieder warten. Endlich weiter durch völlig zerschossenen Ort Goudort / >*Brimont* oder *Berméricourt*/. Kein Haus heil. Sterne schimmern durch Fensterhöhlen. Am Wege einige Tote. Herunter nach Loivre. Ziegelei zwischen hohen Pappeln. Rast (Nesseln). Im Haus bei Kanalbrücke (Kanal) von der Aisne nach Marne), überall Stroh, Patronenhülsen, Kugelspuren, abgeschossene Zweige, Granatlöcher in Häuser[n] gegenüber, in Keller geschlafen.

Loivre. 22. 9. Morgens 8 Uhr heraus. Das Haus bleibt Wache. Kanalüberfall rauscht. Schwalben und Bachstelzen zwitschern. Herbstblumen in verödetem Garten (Flox, Dahlien, Astern, Ringelblumen). Am Kanal abgeschossene dicke Pappeln. Tauben. Schwacher Kanonendonner. Schöne Schuten auf dem Kanal.

Zum Requirieren in den Ort hinein. Viel[e] Kugelspuren. Zersprungene Fenster. Bäckerei leer, Heimchen zirpt. In Villa toter französ[ischer] Offizier. Kirche zerschossen. In Pfarrgarten Kaninchen, ebenso auf Straße wie die Hühner, brennender Hof. Hinter schwe⟨h⟩lenden Balken steht das Vieh. Höre, daß L[eu]tn[an]t Wentz gefallen ist, ebenso Wißmann. (Beide vor Bétheny.) Sonne auf Kirche. Sehr zerschossene Häuser. Spatzen locken fröhlich. Hungriges Vieh brüllt. Herbstblumen hinter zerschossenen Mauern. Requirieren Puter, Hemden usw. Herrliches Wetter. Kanonendonner. Französ[ische] Flieger über uns hin. Bienen und Wespen summen. Zurück nach Kanal. Flieger, deutscher. Posten an Brücke, Brücke mit Maschinengewehr besetzt, Sandsäcke und Ahornzweige mit rosigen Früchten. Schöne Birnen. Der Spion (Mein Leutnant hat gesagt, ich solle mich verkleiden und spionieren.) ⟨*Gestrichen:* (Wahrscheinlich Deserteur)⟩ (Wird erschossen.)

Treffe Leutnant von Marées. Höre, v. Einem geht es besser. Patrouillengang am Kanal. Brandluft. Franzosengrab mit Astern und Kruzifix. Schute. Riesige Ahorn[e] und Pappeln, in der Mitte abgeschossen, so daß Wipfel und Äste ganze Dschungel bilden. Französ[ische] Patronen mit Kupfergeschoss[en]. Bergbachstelze, Eisvogel, Fink, Elster. Patrouille der 13er. Ein roter Fleck vor Dieme, toter Franzose, noch zwanzig liegen auf Feld. Gewehrschüsse. Es knallt immerzu im Ort. Vallisneria wild im Kanal. Parkmauer völlig durchlöchert. Fabrikschlot wie Spechtflöte. Tote, von Schüssen gedröhnte Weißfische im Kanal, stinken. Pappeln rauschen. In völlig zerschoss[ener] Fabrik ruft am hellen Tage das Käuzchen. *[Hier Zeichnung 3]*

Garten und Park (Admiral). Park mit riesigen epheuberankten Bäumen. Waldrebe, blutroter Wildwein, Forellenbach, Fischteich, dschungelhaft, dahinter leer gebranntes Schloß. Stellung, Granaten, Sprengstücke in den Fabriken. Alles voll unbeerdigter Franzosenleichen, die stark gebläht sind. (Ich frühstücke mit Fähnrich Freiherr v. Peter[s]-dorf[f]. Ich gebe Brod, er holt saure Sahne, und ich stehle Sarstedt das Schmalz. Fabelhafte Genüsse.) Hinter dem Hofe drei Massengräber. Auf dem größten steht: »Hier ruhen in Gott 32 deutsche Soldaten.« 9. Ko[mpagnie] 80er. Blumen, Seitengewehre, Kreuze, Helme.

Wir bekommen um 3 Uhr [nachmittags] ein paar Granaten. Sie fallen vor mir in den Kanal. Rauche Tabak von toten Franzosen. Von unseren Unteroff[iziers]posten zwei leicht verletzt. (Man hat Taschen wie ein Junge und weiß, was ein Bindfaden wert ist.) ich gehe wieder ins Dorf zum Requirieren. Das Dorf macht mich sehr traurig. (Der ausgegrabene Maikäfer und die Debatte.)

Ich schlafe neben dem Junker auf Stroh. Abendrot, Fledermaus, Granatengesäusel und ich habe Tabak. (Zufrieden)

Abendessen mit Offizieren (Puter und Reis). Starke Patrouillen vorgeschickt. Es gibt morgen wahrscheinlich böses Artilleriefeuer. Marées telephoniert über die Stellung des Feindes. Nachts geht das Telephon viel (Ich schlafe oben). Kolik und Erbrechen. Muß dreimal nachts raus.

23. 9., 6 Uhr [früh]. Starker Nebel. Die Franzosen schmeißen Granaten und Schr[apnells] nach Loivre und dem Wachhause. Alles muß in die Keller. Die Kanonade nimmt zu. Zugleich Gewehrfeuer. Schrapnells und Granaten heulen. Im Keller: Spinnweben wehen. Kellerschneckenspur glänzt. Sonnenstreif, von Fliegen durchblitzt. Stroh wie Gold. Der von Ast Getroffene wird gebracht, blutiges Gesicht, stöhnt schwer. Morphium. Wunderbares Wetter. Telephon quäkt. Franzosen zurückgedrängt, 400 Gefangene. Unsere Artill[erie] hat keine Munition. (Fettigkeiten, Strohflöhe, Debatte darüber). Viele Verwundungen durch Granaten und Schrapnells. Sitze gegen Abend mit Schwerdtmann und den Offizieren und Ärzten bei einem Glase Wein. Unsere Kanonen brüllen. Im Dorf selbst wird von versteckten Leuten geschossen. Ich liege mit starker Kolik, Glieder- und Kopfweh unten im Keller ⟨Gestrichen: Höre, *Vogelei* ist tot.⟩ Abends viel Geknalle im Ort. Offizier in Zivil, der telephoniert, gefangen und erschossen. Vier Leute vor der Ablösung von Schrapnell verwundet, einer leicht, zwei schwer, einer töt/>d/lich. (Mir ist alles gestohlen.)

1/2 11 [Uhr nachts] Abmarsch durch das ganz zerstörte Dorf. Sternklar, hell, mild. Rote Granatblitze am dunkelblauen Himmel, Sternschnuppen. Über Stoppel, Rüben, Granatlöcher, Leichen, Leichen, Leichen. Verwesungsgeruch hier und da ganz schlimm. Unsere Schweren brüllen. Erst heller Schein, lange nachher furchtbarer Knall. Lagern in Hütten in Wäldchen. Hütte aus Garben und austriacaÄsten. Rotschenkelgetriller.

24. 9. (1/2 7 [Uhr morgens]) Biwak bei Pont-Givard /
>Pontgivart/. ⟨Bivac⟩ Nebel, austriaca-Wäldchen mit
Gold unterlegt. Ferner Kanonendonner, Kolonnengedon-
ner. Rebhühner rufen. Das Wäldchen im goldenen Nebel.
[Hier Zeichnung 4]
Es ist sehr fußkalt. Nebel fällt. Stoppel flimmert. Kompa-
gniezählung. Mäntel von anderen Truppenteilen, selbstge-
machte Gamaschen, roh geflickte Risse, Dreckp[f]oten,
halbe Vollbärte, fehlende Helmspitzen.

Unablässiger ferner Kanonendonner. Wolkenloser Himmel mit leichtem Dunst. Schwalben, Krähen lustig, Ler-
chen, streichende Finken, Hänflinge, Bienen. Wespen,
Heuhüpfer fiedelt, ein Admiral, ein Weißling, gelber Kolk,
Mohnblumen, Kornblumen. Rundherum buschige Höhen,
zerschoss[ene] und ausgebrannte Dörfer und Höfe. Ge-
schneitelte austriaca-Beständchen, Eringium / >Eryngium /,
gelber Frauenflachs, Elster, Minze (riecht), Gewehrschuß,
Bussard, Turmfalke. Schöne Sonne. Gewehrreinigen. Liegen auf Stroh vor austriaca-Hölzchen. Ap[p]ell. [v.] Em-
michs Dank an 10. Korps. ⟨v.⟩ Hof⟨f⟩manns Dank an Division.

Postausgabe. Diese Freude bei der Feldapotheke (Ich bekomme Opium). Die geklaute eiserne Portion wird mir ersetzt.

Um 1 Uhr [mittags] zur 5. Komp[agnie] gegangen.
Rohde, Lts. / >Leutnants/ v. Wallmoden, v. Hanfstängel /
>Hanffstengel/, Reuß. Sekt. Zigarren. Sehr heiß. Heu-
schrecken fiedeln, Fröschchen springen. Unser gelber Fes-

selballon über Wald. Vorpostengeknatter und etwas Kanonade.

Liege nach 3 [Uhr nachmittags] mit einem Unteroff[izier] hinter Strohhütte in Prallsonne. Vor mir unten Landstraße mit Reitern, Radlern, Patrouillen, Wagen, Autos. Wind säuselt in austriaca. Himmel ganz hoch. Schwalben, weiße Falter, Kanonengebrumm.

4 Uhr. Französ[ischer] Flieger. Schnellfeuer hinter ihm her.

Bataillonsap[p]ell. Hauptmann Freiherr v. G[a]ertringen lobt Bataillon wegen Erfolg und Haltung. Teilt mit, daß unsere Unterseeboote drei englische Schlachtschiffe vernichtet haben. Haubenlerche singt niedlich. Sonne sinkt langsam. Es kommt kühl von Osten.

1/2 7[Uhr abends]. Prachtvoller ruhiger Sonnenuntergang. Blasse Mondsichel am Himmel. Deutsche Sprengpunkte hinter den Bergen. Granatwolken mit Explosionsblitzen hoch am Himmel (Gegen unseren Flieger, der eben vorbei kam). Der übliche Abendsegen. Es bullert lebhafter. Küche kommt. Ich wage einen Teller Suppe. Himmel taubenfarbig mit goldener Mondsichel. Regenpfeifer fliegt ängstlich rufend. Kanonendonner und Kochgeschirrgeklapper und Menschenstimmen. (Ich denke an den lieben Brief und an die häßliche Karte.) Durch die Fuhren in den goldroten Abendhimmel starrend. Gegenüber ein silberner Stern.

Schlafe mit Fw. />Feldwebel/ Uhlmann und Le[h]now in großem Zelt. Muß siebenmal zur Latrine. Maus knabbert im Stroh. Charadrius (Bröer Dirk), Feldhahn (petite Margureite), Kanonendonner in Nord und Süd. Ab und zu Flintenschuß. Muß mich draußen umziehen, weil Hemd voll. Nacht mild. Trotzdem habe ich eiskalte Füße im dikken Stroh. Sehe von meinem Lager den Sternschnuppen zu. Denke an die Leichen, an den erschoss[enen] Spion. Droben am Firmament dieselbe Not. Leben ist Sterben, Werden, Verderben.

Pontgivart, 25. 9. 1914

25. 9., bei Pontgivard />t/. 6 Uhr [morgens]. Sonne geht hell auf. Klarer Tag ohne Nebel. Esse an Küche Kakes und Kaffee. Mütze geklaut auf fünf Schritt. Es wird exerciert. Herrlicher Septembertag. Unsere Komp[agnie] exerciert, eine andere sitzt in Sonne, putzt Gewehre und singt halblaut: »Schatz, mein Schatz« dazu. (Im Süden Geschützdonner.)
⟨*Gestrichen:* »Redlich ist das deutsche Leben⟩

»Auf diesem Grabstein könnt Ihr's lesen,
daß dieser ist Soldat gewesen.
Der hier liegt und der hier ruht,
war ein treu Soldatenblut.«

Goldglitz[erndes] Stroh, wolkenloser Himmel, blanke Sonne, wandernde Schwalben, Krähenruf, Elsterngeschakker, silb[erne] Fliegen und Käfer. »Setzt zusammen die Gewehre.« (Gesang).
Hauptmann befiehlt mich. Kennt meine Bücher. Spricht Freude aus, daß ich Tagebuch führe.

Zu 23. 9. Gefangene durch Granatfeuer vorangetrieben. Viel ältere Leute, sehr glücklich, gefangen zu sein. Völlig demoralisiert. ⟨*Gestrichen:* Göttings Tat. Bedienung von zwei Maschinengewehren verschüttet im Unterstand. Götting bedient beide Gewehre, die nach und nach von Granaten vernichtet werden und schießt mit Gewehr französ[ischen] Hauptmann tot.⟩ Haidlerche dudelt. Bachstelze lockt. Finken locken. Noch mal zur Feldapotheke (Tannin). Hüber Knöchel kaput[t].

Es wird exerciert. Franzosen schießen sich heran. Ganz dicht krepieren Granaten. Man spielt weiter Skat. »Sind ja bloßig Schrapnells.«

Heute Freitag. [25.9.] Schlachtenkette um Reims heute vierzehn Tage Dauer. Es bullert im Norden weiter. Post kommt (Eff Ell). Mittag. Es ist direkt heiß unter dem Winde.

Küche Essenausgabe. Ich kenne den Rummel und esse bei 3. Komp[agnie]. Ein Füs[ilier] bringt dem Feldwebel Totenmarken. Der nimmt sie, ohne Gesicht zu verziehen.

Liebesgaben, sehr wenig und nichts besonderes ⟨*Gestrichen:* Die alte Sache. Käse, Tabak, Zigarren, Zigaretten⟩ (Zwei Zig[arren], drei Zigarett[en], Käse, zwei Würste).

Chaussee nach Pontvivard/>t/ dampft von Autostaub. Luft dick. Besuche Rohde. Bekomme Kaffee usw. Ltnt. / >Leutnant/ v. Wallmoden hat Schuß da, wo Gefreitenknopf hinkommt (Ich mache demgemäßen Witz, großes Halloh). Leutnant Reuß Nackenschuß, [am] Rücken raus, kreuzfidel.

Um 6 Uhr [nachmittags] zu meinem Bataillon. Alles ruht sich aus, raucht, singt, lacht, und dabei geht es in zwei Stunden in die vorderste Schützenlinie. Blasse Sichel im Süden, Sonne geht über silbernem Dunst friedlich unter, wirft warme Schatten auf Gefilde.

Auf Straße Pferdetransport als dunkles Geschlängel. Im Norden schießen unsere mit Schrapnells nach Flieger. Der ganze helle Himmel von goldgelben Wolken mit Blitzlichtern. Erbsensuppe (schmeckt wieder). Tee, der Leutnant gibt Burgunder zu. Frohe Stimmung, und es geht in die Linie.

[*In fremder Handschrift hinzugefügt:* Wovon er nicht mehr zurückkehren sollte, gefallen 26.9. bei Loivre. Ehre seinem Andenken! O.M.]

[Im Buchdeckel hinten:]

Falls ich falle, bitte ich dieses Buch, Geld und Uhr an Fräulein E. Sassenberg, Hannover, Geibelstraße 24 IV (oder Klein-Bremen bei Bückeburg Nr. 128) zu senden und sie von meinem Tode in Kenntnis zu setzen.

Füsilier H[ermann] Löns

3. Kompagnie

73. Inf[anterie] Regiment (aktiv)

10. Armeekorps

19. Division

38. Brigade

Straßenkreuzung in Cernay-lès-Reims

Schleusenhaus in Loivre

ANHANG

Zur Edition

Das Tagebuch hatte ursprünglich die Maße $10 \times 16,4$ cm und ist 1,3 cm dick. Inzwischen ist es etwas breiter, weil der Einband zum Teil gelöst ist und einzelne Blätter vorstehen. Der kleine Band mit abgerundeten Ecken ist geheftet und hat einen stark beschädigten, biegsamen schwarzen Kaliko- oder Wachstuchumschlag. Das Heft besteht aus 107 Blättern (einschließlich vorderem Vorsatzblatt), hinten scheint ein Vorsatzblatt zu fehlen. 169 Seiten sind beschrieben (einschließlich Vorsatzblatt und Deckel), außerdem befindet sich auf einer Seite eine von Deimann eingeklebte Fotografie der Ernestine Sassenberg. Einzelne Blätter sind lose, das Papier ist stark gebräunt, die Bleistiftschrift an manchen Stellen, vor allem an den Rändern, durch häufigen Gebrauch ziemlich abgegriffen. Auf dem Vorsatzpapier vorn bräunliche Feuchtigkeitsflecken, die aber nicht unbedingt Blut sein müssen.

Auf der Innenseite des hinteren Buchdeckels befindet sich ein Text von Löns' Hand (siehe S. 48). Gegenüber davon ist ein Foto eingeklebt (mit zwei gummierten weißen Randstreifen aus Briefmarken-Bogen). Darunter steht in Deimanns Handschrift: »Ernestine Sassenberg mit Dettmer Löns (s. Rückseite des Bildes [)].« Darunter befindet sich ein Stempelabdruck mit dem Text: »Ob. Reg. Rat. Dr. Wilhelm Deimann, 21a Minden (Westf.), Marienglacis 43.«

Die Innenseite des vorderen Deckels ist ebenfalls beschriftet. Hier steht von Löns' Hand (als einzige Stelle des Tagebuchs in Tinte): »Bitte Rückseite des anderen Deckels zu besichtigen.« Dann weiter in Bleistiftschrift die Feldpost-Adresse:

»H. Löns 73. Inf[anterie] Regiment Hannover

3. [*später geändert in* 4.] Ko[mpanie] 1. Bat⟨t⟩[allion]

(1. Zug)

(2. Korp[oralschaft])

38. Brigade 19. Div[ision]

10. Armeekorps«

Darunter, fast unleserlich: »Haben Kragenstreifen«
Neben der Feldpostadresse links befinden sich in unbekannter Handschrift die Worte:

»Frau Karla v. Einem
Oberbaurath Schayer
Hammersteinstr. 2«

Über diese Worte ist wiederum der Stempel von Deimann gedrückt.

Auf dem gegenüberliegenden Vorsatzblatt steht von Löns' Hand: »Wenn ich falle, bitte ich Fräulein Erna Sassenberg, Hannover, Geibelstraße 24 (oder Kl. Bremen bei Bückeburg Nr. 128) von meinem Tode in Kenntnis zu setzen. H. Löns.« Darunter: »Ich bitte ihr auch das Geld und dieses Buch zu schicken, das ich bei mir habe, sowie die fällige Löhnung.« An den Rand ist von Deimanns Hand geschrieben: »2 Seiten an Direktor Dr. Schulz abgegeben.«

Die Handschrift ist an manchen Stellen sehr schwierig zu erschließen, weil der Autor eine Mischung aus deutscher, lateinischer und einer individuellen Kurzschrift benutzt. Dabei sind Endungen und häufig verwendete Silben oft nicht eindeutig ausgeschrieben. In diesen Fällen hat der Editor die betreffenden Wörter ohne Kennzeichnung voll ausgeschrieben. Im Gegensatz dazu wurden eindeutig fehlende, überflüssige oder falsche Buchstaben gekennzeichnet berichtigt. Offensichtliche Abkürzungen wurden gekennzeichnet ergänzt.

Zuweilen hat Löns im Tagebuch gestrichen. Diese Streichungen wurden entsprechend gekennzeichnet in spitzen Klammern in den Druck mit aufgenommen. Ausgenommen davon sind Wortpartikel; Worte, die gestrichen und direkt danach durch ein treffenderes Wort ersetzt wurden; Worte oder Satzteile, die z. B. aus Gründen der Gliederung gestrichen und direkt danach wieder neu geschrieben wurden.

In der Handschrift befinden sich zuweilen Nachträge, die durch ein graphisches Zeichen einer anderen Textstelle zugeordnet wurden. Diese vom Autor gewünschten Umstellungen wurden im Satz ohne nähere Kennzeichnung ausgeführt.

Der Handschrift fehlt eine konsequente Gliederung. Absätze und Leerzeilen wurden daher vom Editor eingefügt.

Der Autor unterscheidet oftmals keine Groß- und Kleinschreibung und verzichtet oft ganz auf jede Interpunktion. Er öffnet auch zuweilen Klammern, ohne sie wieder zu schließen. Groß- und Kleinschreibungen und Interpunktion wurden daher vom Editor nach dem Sinn und nach den Regeln der Rechtschreibung und Interpunktion festgelegt.

Unterstreichungen (meist von Ortsnamen) wurden für den Druck nicht berücksichtigt.

Eine Reihe von Wörtern, die sich oft wiederholen, tauchen in verschiedenen Schreibweisen auf. Dazu gehören die Wörter Bataillon (Batailon, Battailon, etc.), Patrouille (Patrulje, etc.), Rotekreuzauto (rote Kreuzauto, etc.; auch in Kombination mit -Fahne, -Kolonne, etc.), Schrapnell (Schrappnel, Schrappnell, etc.), Zigarette (Cigarette), Zigarre (Cigarre). Diese Schreibweisen wurden ohne gesonderten Hinweis vereinheitlicht.

In der Handschrift wird das große Anfangs-K meist ähnlich einem C geschrieben, so daß K und C häufig nicht zu unterscheiden sind. Für den Druck wurden die betreffenden Wörter daher in der dudenüblichen Schreibweise abgesetzt.

Numerierte militärische Einheiten werden in der Handschrift wechselweise z. B. als 73 oder 73er bezeichnet. Sie wurden für den Druck ohne Kennzeichnung auf 73er vereinheitlicht.

Zahlen bis 20 wurden für den Druck in Zahlworte umgesetzt. Ausgenommen davon sind Daten und Uhrzeiten.

Der Autor benutzt für die Uhrzeiten die damals übliche Zählung von 1 bis 12, statt der heutigen von 1 bis 24. Deshalb wurde in der Edition in eckigen Klammern ein Hinweis dazugefügt, um welche Tageszeit es sich handelt.

Soweit der Autor für Worte mit Umlauten verschiedene Schreibweisen benutzt (Foerster, Förster), so wurde dies für den Druck ohne Kennzeichnung vereinheitlicht.

Soweit im Text das graphische Zeichen † für Kreuz oder tot, Toter, etc. benutzt wird, so wurde das Zeichen für den Druck ohne Kennzeichnung in das jeweilige Wort umgesetzt.

Vier Zeichnungen des Autors im Text werden im Anhang wiedergegeben. Folgende Editionszeichen wurden benutzt:

[H] = Hinzufügung des Editors

⟨ ⟩ = Streichung durch den Editor

⟨*gestrichen*⟩ = Ist in der Handschrift durchgestrichen

Kursiv = Ist unleserlich oder zweifelhaft, vermutete Lesart des Editors

Glossar

Für das Glossar wurden folgende Abkürzungen verwendet:
[frz.] = französisch, [lat.] = lateinisch, [nd.] = niederdeutsch,
[ugs.] = umgangssprachlich.

Admiral (Pyrameis atalanta),
Schmetterling aus Familie
der Fleckenfalter
Agraffe [frz.] Zierschnalle,
Schmuckspange
Ammer (Emberiza), Finken-
gattung
Aeroplan Flugzeug
Artillerie Die Truppengattung
des Heeres, die mit Geschüt-
zen ausgestattet ist.
austriaca (Pinus nigra austria-
ca), Österreichische
Schwarzkiefer, verwandt un-
serer Wald- oder Sandkiefer
(diese bei Löns: Fuhre)
Autohupp Autohupen
Auvergneteller Die Auvergne
ist eine Region in Mittel-
frankreich. Der Zusammen-
hang mit dem Teller bleibt
unklar.
Bagage Truppenteil, der für die
Versorgung zuständig war
(Pack-, Munitions-, Geräte-
wagen, u. ä.).
Batterie Kleinste geschlossene
Einheit bei der Artillerie.

Entspricht der Kompanie bei
der Infanterie.
Biwak Truppenlager unter frei-
em Himmel
blauer Bohnentag Anspielung
auf das viele Schießen
(»Blaue Bohnen« = Ge-
schosse) an diesem Tag
(14. 9. 1914)
bon jour [frz.] Guten Tag
botanisieren Pflanzen zu Stu-
dienzwecken sammeln
Bracke Zur Laufhundgruppe
gehörender Jagdhund
Brahmfeld [nd.] Feld mit blü-
hendem Besenginster (Saro-
thamnus scoparius)
Braunschweiger Husaren Richtige Bezeichnung: Braun-
schweigisches Husaren-Regi-
ment Nr. 17 (Standort Braunschweig)→ 19. Division
Brod [nd.] Brot
Bröer Dirk [nd.] → Goldregenpfeifer. Entstehung des
Namens wie bei → Kolüt, jedoch viel weniger verbreitet
als Kolüt.

Browning Selbstladepistole mit Patronenstreifen im Griff

Bucht (Bombensicherer Graben mit Buchten) Unterkunftsartige Ausbuchtung innerhalb des befestigten Grabens

Bult [nd.] Hügel, erhöhtes Gelände, besonders an Wasserläufen. Der Stadtteil Hannovers, in dem dieser Schießplatz lag, heißt heute noch Bult. Es gab dort auch eine Bult-Kaserne.

cacandi causa [lat.] Zum Kakken. Löns mußte also einmal austreten.

Callune (Calluna vulgaris), Heidekraut, Besenheide

Centaurea (Centaurea cyanus), Kornblume, blaublühender Korbblütler

Charadrius Regenpfeifer. Hier ist wahrscheinlich der → Goldregenpfeifer, zu Löns' Zeit (Charadrius apricarius), heute (Pluvialis apricaria) gemeint, der sich durch seine Rufe während nächtlichen Zuges bemerkbar macht.

Château de Chambry [frz.] Schloß von Chambry

Chausseemehl Straßenstaub

Cornus (Cornus sanguinea), Roter Hartriegel, ein strauchartiges Hartriegelgewächs

de l'eau, de l'eau [frz.] Wasser, Wasser. Meint wahrscheinlich den Ruf nach Wasser.

Detmolder 15er Richtige Bezeichnung: Reserve-Infanterie-Regiment Nr. 15, 26. Reserve-Infanterie-Brigade, 2. Garde-Reserve-Division, X. Reservekorps

Dieme [nd.] Heu- oder Strohhaufen, zu Diemen gestapeltes Stroh

dröhnen (gedröhnte Weißfische) Durch Sprengungen im Wasser getötete und aufgetriebene Fische.

Eff Ell F. L., Initialen für eine nicht identifizierte Person. Vielleicht meinte Löns sich damit selbst (F[üsilier] L[öns]), denn er unterschrieb manchmal Briefe mit Ha Ell. Es ist dagegen in seinem Nachlaß nicht festzustellen, daß er andere Personennamen in dieser Weise abgekürzt hat.

Eisernes Kreuz Es handelt sich um das Eiserne Kreuz 2. Klasse, niedrigste Stufe des Ordens vom Eisernen Kreuz. Wurde für Kriegsverdienste verliehen.

Emile Bazin fils [frz.] Emile Bazin Söhne. Vielleicht ein Firmen-Name

Erfolg 0,0 Soll bedeuten: Erfolg gleich Null.

Eryngium Edeldistel, Mannstreu, Gattung der Doldenblütler

Esparsette (Onobrychis), Pflanze aus der Gattung der Schmetterlingsblütler

Etappenkommando Etappe ist die Bezeichnung für die im rückwärtigen Armeegebiet, d. h. dem Gebiet zwischen Kampfgebiet und Heimat, arbeitenden Dienststellen und Einrichtungen. Organisierte Nachschub alles Nötigen und Abschub alles Belastenden aus dem Kampfgebiet. Richtige Bezeichnung: Etappenkommandantur, Untergliederung der Etappeninspektion der Armee. Den Begriff »Etappenkommando« gab es nur bei selbständigen Korps.

Fahnenflüchter Richtige Bezeichnung: Fahnenflüchtiger. Soldat, der sich unerlaubt von der Truppe entfernt, in der Absicht, sich seiner Dienstpflicht dauernd zu entziehen.

Feldartillerie Bis 1918 Begriff für die leichte → Artillerie, Ausrüstung mit Feldkanonen 7,7 cm und leichten Feldhaubitzen 10,5 cm.

feldgrau Anspielung auf die Farbe der Uniformen. Ein Feldgrauer ist also ein Soldat des Heeres.

Feldpostautos Die Feldpost organisierte im Kriege die Postbeförderung zwischen Heimat und Truppe und von Truppe zu Truppe, meist gebührenfrei. Zur Beförderung und Zustellung wurden alle üblichen Verkehrsmittel in Anspruch genommen.

Feldwebel Damals Rang und Dienststellung des Kompanie-Feldwebels (Spieß). Wenn Löns den Begriff in der Mehrzahl verwendet, meint er meist den Feldwebel und die Vizefeldwebel.

Feldwebelleutnant Dienstgrad, den es nur im Kriege gab. Feldwebeldienstgrade, die Offiziersstellen ausfüllten, weil die Personalstellen die Beförderung zu regulären Offizieren nicht für richtig hielten, um die Homogenität des Offizierskorps zu wahren. Trugen Schulterstücke eines Leutnants und am Kragen die normalen Feldwebelabzeichen.

Fesselballon Bemannte Fesselballons wurden zu Beobachtungszwecken aufgelassen. Hatten Feldtelefonverbindung

Festung Mit Abwehranlagen ausgestatteter Platz. Älteste Form: Wall mit Graben und Palisaden. Später verstärktes Mauerwerk bis Beton, ausgefeilte Grundrisse und Verteidigungsverfahren (Vorgelände). Im 1. Weltkrieg gab es bereits die ersten Festungssysteme, die große Räume umfaßten.

Flockenblumen Wahrscheinlich Grind-Flockenblume (Centaurea scabiosa), Korbblütler, flockig behaarte Kräuter mit großen Röhrenblüten

Flox Richtig: (Phlox), Flammenblume, Gattung der Sperrkrautgewächse

Fort Befestigte Anlage innerhalb einer Festung oder eines Festungssystems

Fouragewagen Verpflegungswagen

Franktirör Zivilperson, die sich völkerrechtswidrig an Kampfhandlungen beteiligt. Wurden hier als Gepäckträger herangezogen; wurden wahrscheinlich später abgeurteilt.

Füsilier Niedrigster Mannschaftsdienstgrad in einem Füsilierregiment (Traditionsname, 1914 nur noch traditionelle Bedeutung, in Bewaffnung, Gliederung und Ausrüstung wie jedes andere Infanterieregiment, z. B. Grenadierregiment)

Fuhre [nd.] Föhre (Pinus silvestris), Waldkiefer, gemeine Kiefer

Fußparade Kein militärischer Fachbegriff, meint wahrscheinlich »Fußappell« zur Überprüfung der Füße auf Gesundheits- und Hygienezustand (wichtig für die Marschfähigkeit der Truppe).

Gardegrenadier → 2. Gardeulanen

Gardeartillerist Gehörte vermutlich zur 2. Garde-Feldartillerie-Brigade der 2. Garde-Infanterie-Division → 2. Gardeulanen.

Gauchheil (Anagallis arvensis), gehört zur Familie der Primelgewächse, die kleinen Blüten sind intensiv ziegelrot, wächst in Gärten, Äckern und Weinbergen.

Gefreitenknopf Dienstgradabzeichen für den Gefreiten; war am Kragen in Schulterhöhe befestigt.

Gemeiner Im deutschen Heer bis 1918 verwendete allgemeine unterste Dienstgradbezeichnung für den einfachen Soldaten.

geschneitelt gestutzt, gekappt (wahrscheinlich durch Granatfeuer)

Gewehr Nr. 2 Gemeint ist möglicherweise der 2. Mann der Schützenrotte (taktischer Begriff aus dem Feuerkampf der Infanterie).

Goldregenpfeifer Zu Löns' Zeit (Charadrius apricarius), heute (Pluvialis apricaria),

Vogel aus der Unterfamilie der Echten Regenpfeifer (Charadriinae). Ruft viel auf dem Zuge, besonders bei Nacht.

Goldlack (Lack, Cheiranthus), Gattung der Kreuzblütler, flaumig behaarte Kräuter oder Halbsträucher mit verschiedenfarbigen Blüten

Goldrute (Solidago virgaurea), Echte Goldrute, Korbblütlerfamilie, Staudenart, kommt in Wäldern, Heiden und Magerweiden vor

Grabenbord Aussparung im Graben zum Aufstützen der Arme beim Zielen und Schießen

Grendadier Niedrigster Mannschaftsdienstgrad in einem Grenadierregiment, hier in einem Garde-Grenadier-Regiment (Traditionsname → Füsilier). Diese Grenadiere gehörten zur 2. Garde-Infanterie-Division.

Grobe Landsersprache für schwere Artillerie. (Grobe- = große Granate)

Haidjerin Bauersfrau aus der Heide

Haidlerche (Lullula arborea), Heidelerche, ca. 15 cm langer Singvogel, singt nicht selten auch nachts.

Halbchaise Pferdegezogene Kutschenart

Haubitze Geschütz, das in steilem Winkel feuert

Heimchen (Hausgrille, Acheta domestica), bis 2 cm lang, gelblichbraun; Grillen sind die Überfamilie der Heuschrecken

Herbstzeitlose (Colchicum autumnale), krokusähnliche Pflanze, die im Herbst auf feuchten Wiesen blüht, aus der Familie der Liliengewächse

Heuhüpfer Gleichbedeutend mit Grashüpfer, gehört zu den Feldheuschrecken (Acrididae)

Hinnerk, roter Naheliegend wäre, diesen Pflanzennamen als [nd.] Roter Heinrich (Albersia blitum) zu identifizieren. Jedoch schreibt Löns am 26. Sept. 1912 in einem Brief, daß er unter rotem Hinnerk den Riesensauerampfer versteht. Im Roman »Das zweite Gesicht« nennt er ihn Riesenampfer. Eine sichere Artzuweisung ist hier nicht möglich, vielleicht ist es der Stumpfblättrige Ampfer (Rumex obtusifolius).

Hohlbläser Nicht richtig detonierende Granaten, die unter einem blasenden Geräusch ausbrennen.

Holz (In Holz...) Gehölz

hote wine Den Ausdruck gibt es im Französischen so nicht. Sicherlich ist aber etwas im

Zusammenhang mit Wein (vin) gemeint.

Hôtel de la Croix blanc [frz.] Hotel weißes Kreuz

Hôtel de ville [frz.] Rathaus

Husaren Angehörige von Kavallerie-Regimentern mit der nur noch traditionellen Bezeichnung Husaren. 1914 gab es in der deutschen Armee 21 Husaren-Regimenter.

Infanterie Fußtruppe, die Hauptkampftruppe des Heeres

Inula (Inula calicina), Weiden-Alant, Pflanze aus der Gattung der Korbblütler

Isolator Wahrscheinlich sind die Porzellankörper an Telegrafenmasten gemeint, die möglicherweise von Granaten getroffen wurden.

Jäger Die Jägerbataillone gehörten zu den Fußtruppen des Heeres; in der Regel 1 Bataillon je Korps; sie unterschieden sich durch ihren ausgesucht guten Personalbestand von der allgemeinen Infanterie. Ursprünglich rekrutierten sie sich nur aus ausgebildeten Jägern (nicht mehr 1914).

Jägers Leichenzug Bildliche Darstellung, auf der ein toter Jäger von den Tieren des Waldes zum Grab geleitet wird.

Le convoi funèbre du chasseur.   Des Jägers Leichenzug.

Kakes → Soldatenkakes

Kalenberger Hier ist ein bäuerlicher Menschentyp aus dem Kalenberger Land zwischen Deister und Leine (bei Hannover) gemeint. Löns beschreibt diesen Typ in »Mein niedersächsisches Skizzenbuch«

Kavallerie Reiterei, berittene Soldaten

Kleines Pferd Vermutlich ist ein Lokal in Hannover gemeint.

klönen [nd.] schwatzen, sich unterhalten

kneipen Alkohol trinken

knufen [ugs.] essen, mampfen, mühsam kauen

Kohldistel Richtig: Kohlkratzdistel (Cirsium oleraceum), gehört zur Gattung der Korbblütler

Kolik Anfallweise auftretender, krampfartiger Leibschmerz

Kolk [nd.] Vertiefung in einer Flußbettsohle, kleines umwachsenes Gewässer ohne Zufluß, hier evtl. mit gelben Blumen umwachsen

Kolüt Großer Brachvogel (Numenius arquata), Gattung der Schnepfenvögel. Der Name Kolüt ist im Volksmund nach dem Laut der Stimme des Vogels entstanden. Auf dem Zuge auch nachts zu hören.

Kommisbrot Richtig: Kommiß-

brot. Von den Feldbäckereien geliefertes Brot.

Kompagnie Altertümliche Bezeichnung für Kompanie

Kragenstreifen Schmales weißes Unterlegleinentuch, das den Uniformkragen etwas überragte und den Eindruck erweckte, der Träger habe ein Oberhemd unter seiner Uniform an. Löns erwähnt das Vorhandensein dieser Kragenstreifen vermutlich deshalb ausdrücklich, weil – wie auch im Tagebuch ausgeführt ist – der Ausrüstungsstand der Soldaten oft sehr zu wünschen übrig ließ.

Kriegsgericht Kriegsgerichte waren Gerichte, die für die Straftaten von Soldaten eingesetzt waren. Sie urteilten nach der Militärstrafgerichtsordnung (MStGO). Die Verfahren fanden bei der Truppe auf Divisionsebene statt.

Kronsberg alte Gerdes Ungeklärter Begriff

La guerre malheur pour vous, pour nous [frz.] Der Krieg, Unglück für euch, für uns.

Landregen Mäßige, langanhaltende Regenfälle, die sich über ein größeres Gebiet erstrecken.

Landwehr (Hameln) Nicht identifizierter Landwehrtruppenteil aus Hameln

Landwehr 16 Richtige Bezeichnung: Landwehr-Infanterie-Regiment Nr. 16. Unterstand der 25. gemischten Landwehr-Brigade, die wiederum zum X. Reservekorps gehörte.

Landwehrtrain Eine aus Reservisten gebildete Transporteinheit

Latrine Primitive Toilette, Senkgrube

Leinkraut (Linaria vulgaris), Frauenflachs, Staude aus der Rachenblütler-Familie mit gelben Blüten

Lerchenfalke (Falco subbuteo), meist Baumfalke genannt. Kleine einheimische Falkenart, jagt fliegend Kleinvögel und Insekten.

Linaria spuria Heute (Kickxia spuria). Unechtes Tännelkraut, Rachenblütler-Familie, wenig auffälliges Getreideunkraut, auf Stoppelfeldern. In Deutschland ziemlich selten. Die Nennung belegt die Kenntnis und den Scharfblick von Löns.

Lüttje Lage Runde Schnaps oder Korn. In Hannover ist Lüttje Lage heute ein feststehender Begriff für ein Glas Bier und ein Gläschen Korn, die man mit einer Hand zum Munde führt, so daß der Korn beim Trinken in das Bierglas fließt. Da Löns aber das Pilsener zu-

sätzlich erwähnt, ist hier wohl nur der Schnaps alleine gemeint.

Luzerne (Medicago sativa), Art aus der Familie der Schmetterlingsblütler, Staude mit blauen bis violetten Blüten

Maas Westlicher Grenzfluß des Deutschen Reiches

Madeira Wein von der portugiesischen Insel Madeira

Maire [frz.] Bürgermeister

Marcelli Cornu [lat.] Horn des Marcellus, evtl. Name oder Spitzname des Wirts

Mentha (Mentha aquatica), Wasser-Minze

Mergelstein Sammelbezeichnung für sedimentäre Gesteine der Mischungsreihe Ton-Kalk

Merlin (Falco columbarius), Zwergfalke, jagt Vögel und Insekten

Militärradler Planmäßig hatten nur die Jäger-Bataillone eine Radfahrkompanie. Vermutlich hier einzelne Soldaten, die sich mit Fahrrädern ausgerüstet hatten oder die damit ausgerüstet wurden, um beweglicher zu sein (z. B. Melder).

Mindener Pioniere Richtige Bezeichnung: Hannoversches Pionier-Bataillon Nr. 10 (Standort Minden); davon war die 1. Kompanie bei der

19. Infanterie-Division eingesetzt (hier wahrscheinlich gemeint) und die 2. und 3. Kompanie waren bei der 20. Infanterie-Division eingesetzt.

Morgenrot, Morgenrot Lied von Theodor Körner

Motorradler Soldaten auf Motorrädern, meistens Melder

Munitionsautos LKWs mit Munition; wahrscheinlich Teil einer Etappen-Kraftwagen-Kolonne, von denen es bei der 2. Armee 18 gab.

Nachexerzieren Straf- und Disziplinierungsmaßnahme

non plus [frz.] auch nicht, nicht mehr

Oberrequirör Kein militärischer Begriff; wahrscheinlich Spottbegriff für jemanden, der besonders gut »organisieren« konnte. → Requirieren

Packwagen Pferdegezogenes Fahrzeug für Gepäck

Palazzo procci Latinisierende Verballhornung für »protzigen (neureichen) Palast«

Panzerzug Wahrscheinlich behelfsmäßiger Panzerzug. Mit Sandsäcken bewehrte Güterwaggons.

Parvenüschloß Parvenü [frz.], bildungssprachlich für Emporkömmling, Neureicher

Patrouillenführer Spähtruppführer

petite Margureite Richtig: petite Marguérite, [frz.] kleine Margarete, wahrscheinlich volkstümliche Wiedergabe des Feldhahn-Lockrufs. Mögliche Entstehung des Namens → Kolüt.

Pflege Verpflegung

Pieper (Anthus), Singvogelgattung; sperlingsgroße, zur Familie der Stelzen gehörende Vögel

Protze Zweirädriger Vorderwagen von Geschützen

Pterodela pedicularia Richtig: (Pterodela pedicularis), eine Art aus der Ordnung der Staubläuse (auch Holz-, Bücher-, Rindenläuse oder Flechtlinge genannt), meistens winzig kleine Insekten, mit denen sich Löns als forschender Student, auch publizierend, beschäftigte. In Anerkennung der Lönsschen Verdienste gab später Prof. Dr. Enderlein einer Gattung aus dieser Tiergruppe den wissenschaftlichen Namen Loensia.

quarren [nd.] quieken, knurren, schnarrend zanken

Radau [ugs.] Lärm, Unfug

Radler 64er Wahrscheinlich handelt es sich um einen Schreibfehler, und es sind die → 164er gemeint; denn das aktive Infanterie-Regiment Nr. 64 war im Rahmen des

III. Armeekorps südlich Laon eingesetzt. → Militärradler

Rauchschwalben (Hirundo rustica), Singvogel aus der Familie der Schwalben

Regenpfeifer → Bröer Dirk und → Charadrius

Regiment 73 → 73. Infanterie-Regiment

Regiment 79 (Hildesheim) Richtige Bezeichnung: Infanterie-Regiment v. Voigts-Rhetz (3. Hannoversches) Nr. 79, 39. Infanterie-Brigade, 20. Infanterie-Division, X. Armeekorps

Reiterpatrouille Berittener Spähtrupp

requirieren [frz.] beschlagnahmen. Das normale Verfahren war: Beschlagnahme zur Deckung von Lebensbedürfnissen aus dem Lande gegen Requisitionsscheine, die später von der Heeresverwaltung bezahlt wurden. Plünderung war dagegen eine unberechtigte Wegnahme von Gegenständen, die streng bestraft wurde.

Reserveregiment Vermutlich ein Regiment der Division, das als Reserve zur Verfügung stand, und hier nicht Reserve-Infanterie-Regiment Nr. 73, da anderorts eingesetzt.

Reveille Militärischer Begriff für »Wecken«

Revolverkanone Vorläufer eines Schnellfeuergeschützes, auf der Basis einer Kanone mit einer Mehrladeeinrichtung in Gestalt einer drehbaren Trommel. Gehörte nicht zur Ausrüstung der deutschen Armee. Löns sah hier evtl. ein Beutestück einer anderen Armee.

Robinie (Robinia pseudacacia), Gemeine Robinie, falsche Akazie, sommergrüner Baum, Familie der Schmetterlingsblütler

roden (einroden) eingraben

Rohr Wahrscheinlich Schmalblättriger Rohrkolben (Typha angustifolia)

rotgelbe, weiße und graue Wolken Farbe der Explosionswolken war abhängig vom Einschlagsort (z. B. Haus/Ziegel: rotgelb, Kreideboden: weiß)

Roter Sonntag Vermutlich ist das »rot« eine Anspielung auf das blutige Geschehen dieses Tages. Es gibt z. B. von Löns die Schilderung »Die rote Beeke«, wobei das »rot« hier »blutig« bedeutet.

Rotschenkel (Tringa totanus), Familie der Schnepfenvögel, ruft auf dem Zuge auch bei Nacht.

Rotspohn [nd.] Rotwein

Rücken raus (Nackenschuß,

Rücken raus) Soll bedeuten: Durchschuß, der am Rücken wieder herausgekommen ist; da kreuzfidel, handelt es sich vermutlich um eine harmlose Fleischwunde.

Rückordre Rückzugsbefehl

Saxicola → Steinschmätzer (Oenanthe oenanthe). Etwa buchfinkgroßer Singvogel, zu den Drosselvögeln gehörend.

Saxo Thuringia Hannover Studentenverbindung in Hannover

Schanze Feldbefestigung, aufgeworfener Erddamm

Schlittenschellgeklingel Schlittenschelle: Schelle, die normalerweise Pferden beim Ziehen von Schlitten ans Geschirr gemacht wird, damit man den ansonsten fast lautlos näherkommenden Schlitten hört.

Schrapnell Mit Bleikugeln gefülltes Artilleriesprenggeschoß

Schützengraben Ausgehobener Graben, um Soldaten Schutz zu gewähren

Schute [nd.] Offenes Wasserfahrzeug ohne Eigenantrieb

Seitengewehr Eine kurze blanke Waffe, die in einer eisernen oder ledernen Scheide an der linken Seite am Koppel getragen wird; sie wird als Bajonett auf das Gewehr aufgesteckt (aufgepflanzt).

Sirius Der hellste Fixstern des Himmels im Sternbild Canis Maior (Großer Hund)

Skabiose (Scabiosa), Gattung der Kardengewächse, hier wahrscheinlich Taubenskabiose (Scabiosa columbaria)

Soldatenkakes → Soldatenzwieback

Soldatenzwieback Hart gebackenes Brot, als Teil der eisernen Reserve

Spechtflöte Vermutlich Vergleich mit einem Baumstamm, in dem ein Specht untereinander mehrere Fluglöcher angebracht hat und der daher wie eine überdimensionale Flöte aussieht. Wenn diese Vermutung zutrifft, dann liegt wahrscheinlich eine Lönssche Wortschöpfung vor.

Staphyliniden (Staphylinidae), wiss. Name der Käferfamilie der Kurzflügler, mit denen sich Löns als Student viel beschäftigt hat.

Steinschmätzer → Saxicola

Stoppelblüten Meint die kleinen Kräuter, die auf dem Getreidefeld erst nach der Ernte erblühen.

Strohbündler Vom »Bund Stroh« abgeleitet

Sumpfschafgarbe (Achillea ptarmica), gehört zur Gattung der Korbblütler und bildet eine bis 1 m hohe Staude auf nassen Wiesen, an Gräben und Ufern

Tannin Gallusgerbsäure, wird in der Medizin z. B. zur Blutstillung und gegen Durchfall verwendet

Totenmarke Erkennungsmarke, Metallmarke zur Identifizierung des Trägers

Train (aus Hannover), Richtige Bezeichnung: Hannoversches Train-Bataillon Nr. 10, Transportbataillon

Tübinger Hohenstaufe (V-C) Angehöriger der Studentenverbindung Tübinger Hohenstaufen im VC

Turko [frz.] Nordafrikanischer Schütze des französischen Heeres

Uferläufer (Tringa hypoleucos), Flußuferläufer, Vogel aus der Familie der Schnepfenvögel

Ulanenpatrouille Ulanen war die traditionelle Bezeichnung für einen Teil der deutschen Kavallerie. Patrouille bezeichnet normalerweise einen Spähtrupp, hier im Hinterland evtl. für feld-polizeiliche Zwecke eingesetzt.

Vallisneria (Vallisneria spiralis), Wasserschraube, Unter-

wasserpflanze aus der Familie der Froschbißgewächse

Velvethose Samthose mit glatter Oberfläche

Verbandsbruder Mitglied eines Studentenverbandes

Versager Ein nicht explodierendes, fehlerhaftes Geschoß

Versuchswolken, graue Bezieht sich auf das Einschießen der Feldartillerie

Wacht am Rhein Lied

Waldblöße Lichtung

Waldrebe (Clematis vitalba), Echte Waldrebe, Gattung der Hahnenfußgewächse, kletternde Sträucher

Wasserhanf (Eupatorium cannabinum), Gemeiner Wasserdost, Strauch aus der Gattung der Korbblütler

Weißfische Volkstümliche Bezeichnung für einige silberglänzende, häufig kleinere Karpfenfische

Zeitlose → Herbstzeitlose

Zuaven Ursprünglich aus Eingeborenen Algeriens gebildete französische Fußtruppen. Später durch Franzosen ersetzt, mit Beibehaltung der morgenländischen Kleidung.

Zwerghederich Zwergrettich, Art des Rettich (Raphanus)

1. *Zug* Richtige Bezeichnung: I. Zug der Kompanie
2. *Gardeulanen* Richtige Bezeichnung: 2. Garde-Ulanen-Regiment, gehörte zur 2. Garde-Infanterie-Division, Gardekorps
2. *Kompagnie* 1.–4. Kompanie gehörten zum I. Bataillon des Füsilier-Regimentes Nr. 73
2. *Korporalschaft* Den Begriff Korporalschaft gab es offiziell im deutschen Heer nicht. Der Begriff Korporal wurde scherzhaft für den Unteroffizier verwendet. Hier ist also eine Gruppe gemeint, die von einem Unteroffizier geführt wurde.
3. *Bataillon* Richtige Bezeichnung: III. Bataillon des Füsilier-Regimentes Nr. 73, bestand aus der 9.–12. Kompanie
3. *Kompagnie* 1.–4. Kompanie gehörten zum I. Bataillon des Füsilierregimentes Nr. 73
3. *Kompagnie* (Werden 3. Kompagnie) Im Zuge einer Neueinteilung des Bataillons wurde ein Ausgleich des Mannschaftsbestandes vorgenommen. Im Zuge einer weiteren Umgliederung muß H. Löns dann zur 4. Kompanie gekommen sein, in der er gefallen ist.
4. *Kompagnie* 1.–4. Kompanie gehörten zum I. Bataillon des Füsilier-Regimentes Nr. 73.
9. *Kompagnie 80er* Richtige Bezeichnung: 9. Kompanie des Füsilier-Regimentes v. Gersdorff (Kurhessisches) Nr. 80, 42. Infanterie-Brigade, 21. Infanterie-Division, XVIII. Armeekorps
10. *Armeekorps* Richtige Bezeichnung: X. Armeekorps. Militärische Bezeichnung für einen Großverband, der in der Regel 2 Divisionen umfaßte; hier die 18. und 19. Infanterie-Division. Das X. Armeekorps rekrutierte sich im Frieden aus der damaligen preußischen Provinz Hannover.
10. *Kompagnie* Gehörte zum → 3. Bataillon
10. *Korps* → 10. Armeekorps
10. *Reservearmeekorps* Richtige Bezeichnung: X. Reservekorps, bestand aus der 2. Garde-Reserve-Division und der 19. Reserve-Division
13er Richtige Bezeichnung: Landwehr-Infanterie-Regiment Nr. 13, 25. gemischte Landwehr-Brigade, gehörte zum X. Reservekorps
15er → Detmolder 15er
19. *Division* Richtige Bezeichnung: 19. Infanterie-Division. Militärischer Großver-

band, der 1914 aus der 37. und 38. Infanterie-Brigade, dem 1. Halbregiment Husaren Nr. 17, der 19. Feldartillerie-Brigade und der 1. Kompanie Pionierbataillon Nr. 10 bestand.

21 → 21-cm-Kanone

21-cm-Kanone Richtige Bezeichnung: 21-cm-Mörser. Mörser waren besonders steil feuernde Geschütze im Gegensatz zu den flach feuernden Kanonen.

28er Richtige Bezeichnung: Landwehr-Infanterie-Regiment Nr. 28, 29. gemischte Landwehr-Brigade, gehörte zum X. Reservekorps

30,5-cm-Riesengeschütz Richtige Bezeichnung: 30-cm-Mörser (Steilfeuergeschütz). Später wurden an der Westfront österreichische 30,5-cm-Motormörser-Batterien verwendet, waren aber zu diesem Zeitpunkt noch nicht in der Kriegsgliederung des Westheeres enthalten. Es handelt sich daher vermutlich um die 1. oder 5. schwere Küstenmörser (Tarnname)-Batterie. Diese schwere Artillerie des Feldheeres diente zum Kampf gegen Befestigungen.

38. Brigade Richtige Bezeichnung: 38. Infanterie-Brigade. Bestand 1914 aus dem Füsilier-Regiment Nr. 73 und dem Infanterie-Regiment Nr. 74

73. Infanterie Regiment (aktiv) (auch 73er / 73. Regiment). Richtige Bezeichnung: Füsilier-Regiment Generalfeldmarschall Prinz Albrecht von Preußen (Hannoversches) Nr. 73. Stammregiment war das ehemalige Hannoversche Garderegiment; verteidigte von 1779–1783 Gibraltar. Deswegen durfte das Regiment ein blaues Ärmelband mit der Aufschrift »Gibraltar« tragen. Das Wort »aktiv« dient als Hinweis, daß es sich hierbei nicht um das im Kriegsfall aufgestellte Reserve-Infanterie-Regiment Nr. 73 handelt.

74er Richtige Bezeichnung: 1. Hannoversches Infanterie-Regiment Nr. 74 (Friedensstandort: Hannover). Gehörte zusammen mit dem Füsilier-Regiment Nr. 73 zur 38. Infanterie-Brigade

78er Osnabrück Richtige Bezeichnung: Infanterie-Regiment Georg Friedrich Wilhelm v. Braunschweig (Ostfriesisches) Nr. 78, 37. Infanterie-Brigade, 19. Infanterie-Division, X. Armeekorps

79er → Regiment 79 (Hildesheim)

80er → 9. Kompagnie 80er

91er Richtige Bezeichnung: Oldenburgisches Infanterie-Regiment Nr. 91, 37. Infanterie-Brigade, 19. Infanterie-Division, X. Armeekorps

97er Richtige Bezeichnung: 1. Oberrheinisches Infanterie-Regiment Nr. 97, 59. Infanterie-Brigade, 42. Infanterie-Division, XXI. Armeekorps (gehörte ursprünglich zur 6. Armee, die ab 17. 9. 14 vom linken auf den rechten Heeresflügel, in den Raum rechts der 1. Armee, verlegt wurde). Jedoch liegt der Bezeichnung 97er mit ziemlicher Wahrscheinlichkeit eine Verwechslung zugrunde, und Löns hat hier 79er gesehen, die er bereits am Vorabend am gleichen Ort erwähnt.

164er Richtige Bezeichnung: 4. Hannoversches Infanterie-Regiment Nr. 164, 39. Infanterie-Brigade, 20. Infanterie-Division, X. Armeekorps

4550 Wahrscheinlich die eingravierte Nummer, bzw. Endziffer seines Gewehres.

Personenregister

Das Personenregister wurde nach den Schreibweisen der Namen im Tagebuch angelegt und – soweit möglich – nach der Regimentsgeschichte, der Rangliste von 1913 und der Deutschen Rangliste von 1914 revidiert. Aus diesen drei Veröffentlichungen wurden die Angaben zu den Personen zusammengetragen. Wenn eine Person nicht eindeutig zuzuordnen war – im Tagebuch werden ja meist nur Nachnamen genannt –, unterbleiben hier weitere Angaben.

Aenne, Frau von Albert Löns. 9

Agnes 9

Albert, Bruder von Hermann Löns. 9

Brückmann, Offizier-Stellvertreter 44

Deimann, Dr. Wilhelm. Geboren 1889 in Brilon, gestorben 1969 in Münster/Westf., Löns-Biograph, letzter privater Besitzer des Kriegstagebuches. Aus seinem Nachlaß erhielt es die Stadt- und Landesbibliothek Dortmund. 67

Ebeling 9, 55

Eichwede, Oberleutnant der Reserve. Am 17.9.1914 beim Kleinbahnhof Cernay verwundet. 29

v. Einem, Karla, Ehefrau von Miltix v. Einem 68

v. Einem, Miltix, bei Kriegsausbruch beim Ersatz-Bataillon Nr. 73 in Hannover Leutnant. Traf in der Nacht vom 13. auf den 14.9.1914 beim Regiment ein. War vorher Kompanieführer der 2. Ersatzkompanie. Am 18.9.1914 als Führer der 4. Kompanie schwer verwundet. 9, 21, 29, 32, 34, 36, 55, 57

Emile Bazin 21 (vgl. Glossar)

v. Emmich, Otto, General der Infanterie (Entspräche bei der Bundeswehr heute dem Generalleutnant). Kommandierender General des X. Armeekorps, à la suite des Füsilier-Regimentes Nr. 73. Am 23.12.1915 in Hannover verstorben. 60

Ernie, evtl. ist Löns' letzte Lebensgefährtin Ernestine Sassenberg gemeint, die er jedoch im Nachlaß meist als Tine bezeichnet. 9

Ernst, Bruder von Hermann Löns. 9

Fischer, Unteroffizier 9

Förster 15, 22

Freise, Ludwig, Unteroffizier. Am 24. 10. 1918 in der 12. Kompanie vermißt. 48

v. Gaertringen, Freiherr Hiller, Hauptmann. Bei Kriegsbeginn Chef der 3. Kompanie, am 8. 8. 1914 Kommandeur des I. Bataillons, am 17. 9. 1914 wegen Erkrankung des Kommandeurs die Führung des Regiments übernommen. Am 2. 9. 1920 in Hannover verstorben. 61

Götting, Hans, Unteroffizier. Am 3. 9. 1916 in der MG-Kompanie gefallen. 62

Gohrgrewe 37

v. Hanffstengel, Otto, Leutnant. Am 15. 10. 1914 bei Orainville le Godat gefallen. 60

Haupthahn, wahrscheinlich kein Eigen-, sondern ein Spitzname. 15

Helling, Heinrich, Vizefeldwebel. Am 26. 9. 1914 in der 4. Kompanie gefallen. 50

Herbst 15

Hofmann, Generalleutnant. Kommandeur der 19. Infanterie-Division. 60

Homann, wahrscheinlich Friedrich, Füsilier. Am 31. 8. 1914 in der 5. Kompanie gefallen. 43, 44

Hüber 9, 55, 62

Jansen 23

Kalenberger 30 (vgl. Glossar)

Knorr, wahrscheinlich Koch in der Kompanie. Im Zivilberuf Schlosser. 36

Lampe, P.-L. 51

Lehnow, Fritz, Offizier-Stellvertreter. Am 26. 9. 1914 in der 3. Kompanie gefallen. 61

Löns, Dettmer, Sohn von Hermann Löns. 67

Löns, Hermann, Kriegsfreiwilliger. Geboren am 29. 8. 1866 in Kulm/Westpreußen, gefallen am 26. 9. 1914 bei Loivre/Reims. 64, 67

Marcelli Cornu 28 (vgl. Glossar)

v. Marées, Leutnant der Landwehr. Wurde am 1. 8. 1914 Adjutant und Gerichts-Offizier des Ersatz-Bataillons. Laut Regimentsgeschichte kam ein Leutnant v. Marées am 20. 9. 1914 zum Regiment. Er führte dort die 1. Gefechtskompanie (Reste der 1. und 2. Kompanie). 57, 58

O. M., unentschlüsselte Initialen unter der fremden Eintragung am Ende des Tagesbuches. 63

v. Petersdorff, Freiherr, Fähnrich. Kam im September 1914 zum Regiment. Wurde in der 2. Gefechtskompanie am 19. 9. 1914 als Zugführer eingeteilt. 58

Reuß, Leutnant. Wahrscheinlich fälschlich laut Regimentsgeschichte am 6. 9. 1914 bei Le Thoult gefallen. Jedoch in der Regimentsgeschichte am 19. 9. 1914 bei der 11. Gefechtskompanie erwähnt. Ferner im Tagebuch unter dem 24. 9. 1914 erwähnt. Schließlich laut Regimentsgeschichte am 26. 9. 1914 bei Loivre vermißt. 60, 63

Rohde, Vizefeldwebel der Reserve. Am 1. 8. 1914 Zugführer in der 2. Ersatzkompanie. 23, 25, 27, 34, 60, 63

Sarstedt, Feldwebel. Führer der 3. Kompanie. 44, 48, 58

Sassenberg, Ernestine, Haushälterin von Hermann Löns. Seine letzte Lebensgefährtin. 64, 67

Schayer, Oberbaurat. Vater von Karla v. Einem 68

Schulz, Dr. Erich. War von 1907–1941 der erste Direktor der Stadt- u. Landesbibliothek Dortmund und war mit Dr. Deimann seit den 20er Jahren befreundet. Er bemühte sich schon damals, das Tagebuch für die Bibliothek zu kaufen. 68

Schwerdtmann, Leutnant der Reserve. Ab 18. 9. 1914 Führer des 1. Bataillons. Ab 19. 9. 1914 Führer der 2. Gefechtskompanie (Reste der 3. und 4. Kompanie). Am 14. 10. 1914 bei Orainville le Godat gefallen. 55, 59

Spangenberg, Unteroffizier der Reserve. Ab 1. 8. 1914 Zugführer in der 2. Ersatzkompanie. 27, 55

Speckbrook 44, 48

Stünkel, wahrscheinlich ein Unteroffizier. In Regimentsgeschichte nicht auffindbar. 9

Sürig 32, 44

Thölke, Julius, Vizefeldwebel. Am 12. 12. 1916 in der 4. Kompanie gefallen. 48

Tubbenhauer, Anton. Als Offizier-Stellvertreter am 27. 2. 1915 in der 11. Kompanie gefallen. 24

Uhlmann, Erich, Offizier-Stellvertreter. Am 26. 9. 1914 in der 3. Kompanie gefallen. 61

Vogelei 59

v. Wallmoden, Leutnant. Im Juli 1914 in der 12. Kompanie Zugführer. Führte am 19. 9. 1914 die 11. Gefechtskompanie (Reste der 11. und 12. Kompanie). Im Januar 1915 Führer der 12. Kompanie. Am 27. 2. 1915 bei Le Mesnil gefallen. 60, 63

Wentz, Leutnant. Kam am 16. 9. 1914 zum Regiment. War vorher bei der Hauptkadettenanstalt in Berlin-Lichterfelde als Erzieher kommandiert. 57

Wiese, Hermann, Feldwebel. Als Offizier-Stellvertreter am 26. 9. 1914 in der 7. Kompanie gefallen. 26

Wildhagen 49

Wißmann, Leutnant. Führte die 2. Ersatzkompanie beim Ersatz-Bataillon in Hannover. Am 18. 9. 1914 bei Bétheny gefallen. 57

Kommentar des Herausgebers

1. Die Fundgeschichte

Bücher haben ihre Geschichte. Der Privatforscher Georg Stein in Stelle bei Hamburg hatte bei den »National Archives« in Washington zwei Mikrofilme nach Katalog angekauft, auf denen die Amerikaner nach dem Kriege erbeutete deutsche Akten kopiert hatten. Es handelte sich um »Militaria« aus dem ehemaligen Heeresarchiv Potsdam. Mitten unter historisch wertvollen Dokumenten – dabei die für Friedrich den Großen bestimmte Kostenbilanz des Siebenjährigen Krieges, ein langer Bericht des Bürgermeisters Nettelbeck über die Belagerung Kolbergs im preußisch-französischen Krieg 1806/07, ein Verzeichnis aller Mitglieder des Lützowschen Freikorps, ein Brief des Kriegsministers v. Falkenhayn an den Generalstabschef v. Moltke während der Julikrise 1914 und Berichte des Generalstabsoffiziers Mertz v. Quirnheim über das von den Türken verübte Massaker an den Armeniern während des Ersten Weltkrieges – entdeckte Stein zu seiner Verblüffung eine mit Schreibmaschine hergestellte Abschrift vom »Kriegstagebuch des Kriegsfreiwilligen Hermann Löns«, der am 26. September 1914 vor Reims gefallen war.

Das Typogramm umfaßt 23 Seiten; davon sind zwei Drittel (in Fraktur-Buchstaben) eng beschrieben, der Rest mit großem Zeilenabstand. Auf nebenliegenden freien Blättern sind kurze Inhaltsangaben eingetragen. Angefügt ist ein Feldpostbrief des Kommandierenden Generals des X. Armeekorps, v. Emmich, den er am 2. November 1914 an den hannoverschen Rechtsanwalt und Löns-Freund Busse geschrieben hat, samt einer Skizze über die angebliche Lage des Löns-Grabes im Niemandsland zwischen den deutschen und den französischen Linien.

Daß diese Abschrift überhaupt noch existiert, grenzt an ein Wunder. Fast die gesamte schriftliche Überlieferung aus der dreihundertjährigen brandenburgisch-preußischen Militärgeschichte, ebenso die meisten Akten der Reichswehr und des deutschen Heeres von 1935 bis 1945 sowie die Masse der Kriegstagebücher aller Verbände und Truppenteile unterhalb der Divisionsebene aus dem Zweiten Weltkrieg sind während des schweren alliierten Luftangriffs auf Potsdam am 14. April 1945 verbrannt – insgesamt etwa 70000 laufende Meter. Ausgelagert in den letzten Kriegsjahren wurden ganze 4000 laufende Meter, vor allem die Nachlässe bedeutender Heerführer und jene kostbaren »Militaria«, die in 33 Vitrinen einer ständigen Ausstellung in den Räumen des Heeresarchivs aufbewahrt wurden.

Dieses Ausstellungsgut – in Vitrine 32 lag das Löns-Tagebuch – ist nach der deutschen militärischen Kapitulation amerikanischen Bergungskommandos in die Hände gefallen und wurde, wie alle erbeuteten Akten, in Armeedepots nach Alexandria in Virginia/USA überführt. Das Kriegsministerium übergab das Material 1948 den Washingtoner »National Archives«. Ehe diese Bestände an das Bundesarchiv in Koblenz zurückgegeben wurden, hielten die Amerikaner alles auf Mikrofilm fest; jedermann kann diese Filmkopien kaufen. Die Original-Abschrift des Löns-Tagebuches – so ergaben meine Recherchen – wird heute im Militärarchiv in Freiburg verwahrt.

Der glückliche Finder, Georg Stein, ein Ostpreuße, den es nach dem Krieg an den Rand der Lüneburger Heide verschlagen hatte, entschloß sich, diese letzte schriftliche Hinterlassenschaft des Heidedichters zu veröffentlichen. Doch dann folgte die zweite Überraschung: Die Hamburger Wochenzeitung »Die Zeit« kam dem Original-Tagebuch auf die Spur. Es liegt in der Dortmunder Stadt- und Landesbibliothek. Diese bekam es von der Stadtsparkasse Dortmund geschenkt, die es 1976 aus dem Nachlaß des 1969 gestorbenen Löns-Biographen Dr. Wilhelm Deimann erworben hatte – zusammen mit dem gesamten Deimann-Nachlaß (Löns-Briefe, Löns-Erstausgaben, Briefwechsel mit den Löns-Verlegern u. v. a.) angeblich für nahezu 60000 Mark. Der Aufbewahrungsort war bis dahin nur einem kleinen Kreis von Löns-Experten bekannt. Deimann seinerseits hatte das Fundstück über Frau Ernestine Sassenberg erhalten, die ehemalige Wirtschafterin des Dichters. Mit ihr hatte Löns in seinen letzten beiden Lebensjahren zu Hannover in »wilder Ehe« gelebt. Das damals 20jährige Mädchen hatte er als Alleinerbin eingesetzt; ihr vermachte er das Kriegstagebuch, seine

Uhr und seinen Sold. Der Gefreite Fr. Borcherding, Lehrer aus Eimbeckhausen – er fiel am 15. Oktober 1914 – schickte Anfang Oktober den Löns-Nachlaß an seine Eltern, die dann alles an Ernestine Sassenberg weiterleiteten. Um die gleiche Zeit, am 7. Oktober 1914, gab Vizefeldwebel Johannes Rohde, ein alter Bekannter des Dichters, im »Hannoverschen Kurier« den Tod von Hermann Löns bekannt. Die beiden hatten sich noch einen Tag vor dem Gefecht bei Loivre gesehen.

Nicht mehr zu ermitteln ist, wer das Tagebuch damals abgeschrieben hat. Wahrscheinlich ist dies bereits im Felde auf einer Regimentsschreibstube geschehen. Jener Vizefeldwebel Rohde hat, allerdings zehn Jahre danach, erzählt, er habe das Tagebuch einige Zeit verwahrt und es dem Leutnant der Reserve und Löns-Freund Dr. Wilhelm Spickernagel ausgeliehen, der davon eine Abschrift für die Bücherei des X. Armeekorps habe anfertigen lassen. Spickernagel selber sprach später nur von einem glücklichen Zufall, durch den er einen Blick in die Tagebuchblätter habe tun können. Auf einem Irrtum oder Schreibfehler muß die Angabe auf einem Vorblatt beruhen: »Abschrift (25. 9. 1914«), denn Löns ist erst einen Tag später gefallen und trug sein Tagebuch immer bei sich. Das Deckblatt trägt den Vermerk: »Stellv[ertretendes] Gen[eral] K[omman]do. X. A[rmee-] K[orps]«, gemeint ist die oberste militärische Behörde in der Provinz Hannover; nach dem Gesetz über den Belagerungszustand hatten die Militärbefehlshaber in der Heimat die vollziehende Gewalt mit diktatorischen Rechten. Vielleicht ist das Typogramm von dort noch ins Kriegsarchiv des Großen Generalstabes verbracht worden oder erst nach dem Kriege in das 1920 neugebildete Reichsarchiv gelangt. 1924 wurden die preußischen »Militaria« mitsamt den Nachlässen in der IV. Abteilung des Preußischen Geheimen Staatsarchivs eingelagert. In den Jahren 1936/37 sind dann alle Bestände in die Obhut des neuen Heeresarchivs in Potsdam übernommen worden.

2. DIE VERSÄUMTE EDITION

Ein paar Passagen aus dem Kriegstagebuch erschienen bereits 1916 in einer Soldatenzeitung auf der Insel Borkum. Veröffentlicht hat sie der bereits erwähnte Dr. Spickernagel, von dem sich mit Sicherheit nur sagen läßt, daß er als erster jenes Typogramm ausgewertet hat. Ein zweites Mal publizierte er gleich nach dem Kriege Auszüge in seiner Schrift »Hermann Löns und unsere Zeit« (1920). Dort beschreibt er das Dokument so: »Ein kleines Notizbuch in schwarzem Wachstucheinband, an dem noch der graue Lehm des Schützengrabens klebt. Die Aufzeichnungen sind während eines gelegentlichen Halts auf dem Marsche oder im Schützengraben mit Bleistift flüchtig hingeworfen, so daß man sie schwer entziffern kann.« Spickernagels Auszüge sind weitgehend identisch mit unserem Typogramm samt den darin enthaltenen Lesefehlern und Auslassungen, aber eben nicht an allen Stellen. Hin und wieder stimmen sie nämlich überein mit der Abschrift, aus der anderthalb Jahrzehnte später der Löns-Biograph Erich Griebel (Hermann Löns – der Niederdeutsche, Berlin 1934) zitiert hat, der indes eine ganz andere Vorlage gehabt haben muß. Da das Tagebuch im Felde offensichtlich durch mehrere Hände gegangen ist, können durchaus verschiedene Abschriften oder Auszüge existiert haben – vielleicht benutzte Griebel eine Vorlage seines Informanten Rohde. Ebenfalls Auszüge publizierte der Löns-Biograph Wilhelm Deimann (»Hermann Löns – Leben und Schaffen«, Löns-Gesamtausgabe, Hamburg 1960). Er jedoch hat, wie sein Nachlaß ausweist, selber das Tagebuch abgeschrieben. In seiner biographischen Würdigung, mit der Deimann die inzwischen längst vergriffene Gesamtausgabe der Werke von Hermann Löns abschließt, zitiert er aus dem Tagebuch – jedoch ohne dem Leser mitzuteilen, daß sich die schmale Kladde damals in seinem Besitz befand.

Es bleibt unerfindlich, warum Deimann zwar ungedruckte Geschichten aus dem Nachlaß in die Werkausgabe aufgenommen hat, nicht aber den vollständigen Text des Kriegstagebuches. Beim Zitieren gestattete sich der Herausgeber unübliche Freiheiten. Notiert Löns in einer Biwakszene die Anfangszeilen des bekannten Soldatenliedes »Schatz, mein Schatz«, so fügt Deimann gleich die ganze erste Strophe in den Text ein. Ähnlich irreführend, teilweise sogar verfälscht, sind leider auch die Tagebuchzitate in der jüngsten Löns-Biographie von Martin Anger (Hermann Löns, Schicksal und Werk aus heutiger Sicht, Kürten 1978): Statt nach der längst überholten Biographie von Griebel zu zitieren, hätte Anger lieber gewissenhaft das Original in Dortmund erschließen sollen. Der Aufbewahrungsort war ihm bekannt.

Heute kann man nur noch darüber rätseln, warum weder Spik-kernagel noch die anderen Biographen jemals auf die Idee gekommen sind, das Tagebuch vollständig zu veröffentlichen. Hatten sie den Wert dieser Aufzeichnungen verkannt – ihr Reichtum und ihre Hintergründigkeit erschließen sich erst bei mehrmaligem Lesen –, oder störte sie das Unfertige der flüchtig hingeworfenen, oft nur telegrammartigen Notizen, die als Grundstock für spätere schrift-stellerische Arbeiten gedacht sein mochten? Oder scheuten sie die Mühsal einer korrekten Übertragung des über weite Passagen nur schwer entschlüsselbaren Textes?

Denkbar wäre freilich auch, daß es den Löns-Biographen nicht opportun erschien, weder in der ersten Zeit nach Revolution und demütigendem Friedensvertrag noch während der Wiederaufrü-stung im nationalsozialistischen Reich, ein Kriegstagebuch auf den Markt zu bringen, das so gar nichts Heroisches an sich hatte und als Treibmittel der geistigen »Wehrhaftmachung« des Volkes wenig taugte. Wir finden in Löns' letzten Aufzeichnungen kein Wort überschwappender patriotischer Begeisterung, geschweige denn der Siegeszuversicht. Politische Reflexionen fehlen ebenso wie chauvinistische Entgleisungen. Dieses Tagebuch ist, da es mit der unbestechlichen Genauigkeit eines Journalisten geschrieben wurde, ein wahres Antikriegsbuch, das man im »Dritten Reich« allenfalls als Ausstellungsstück hinter Glas präsentieren mochte. Ein Mythos war zu wahren, für den Löns wie auch andere 1936 von der neuen Wehrmacht als Symbolfiguren benötigt wurden. »Für uns Überlebenden bleibt es Pflicht, den heldischen Geist von 1914 zu pflegen, wie der Kriegsfreiwillige Hermann Löns und seine Kriegskameraden ihn uns vorgelebt und vorgestorben haben«, sagte der Kommandierende General des X. Armeekorps, Kno-chenhauer, am 2. August 1935 während der Beisetzung der angeb-lichen Gebeine des Kriegsgefallenen Löns im Tietlinger Forst.

3. Rausch und Realität im August 1914

Warum ist Hermann Löns noch mit 48 Jahren und bei schwacher Gesundheit als einfacher Füsilier ins Feld und in den Tod gezogen? Zur Musterung erschien er, noch ganz der stadtbekannte Dandy, im weißen Sommeranzug, den er dann gleich auf der Kleiderkammer gegen die feldgraue Montur umtauschte. Zweifellos trieb auch ihn, wie Hunderttausende von jungen und älteren Deutschen, die Liebe zum Vaterland, das es gegen eine Übermacht von Feinden zu schützen galt. Aber falsche Kriegsbegeisterung, die fast alle deutschen Dichter, Schriftsteller und Intellektuellen ergriffen hatte, ist an Hermann Löns vorbeigerauscht. Er schrieb weder Kriegslieder noch Haßgesänge, obwohl die Leute sie von ihm erwarteten. Als Zumutung empfand er das Angebot, den Krieg als Berichterstatter bei höheren Stäben zuzubringen. Der einzig angemessene Platz schien ihm jetzt an der Seite des einfachen Soldaten zu sein – er konnte freilich die Offiziere seines Regiments nicht hindern, ihn, den populären Erzähler und Romancier, als Gesprächspartner an ihre Tafel zu holen.

Den Krieg hatte er kommen sehen. Diese Ahnung, durchsetzt mit unbewußten kollektiven Träumen von einer Erlösung durch den Krieg, da man des langen Friedens überdrüssig war, durchzieht die europäische Lyrik und Romanliteratur in den Jahren unmittelbar vor 1914. In Löns' Roman »Das Zweite Gesicht« (1911) findet sich der Ausspruch: »Wir müßten wieder einmal einen Krieg bekommen und gründliche Keile, das ist das einzige, was uns helfen kann.« Ähnlich schreibt er zu Anfang des Krieges in einem Brief: »Es fehlte uns einmal ein Stoß in das Genick, sonst wären wir im Gelde verreckt.«

Öfter ist vermutet worden, Löns habe wegen seiner persönlichen Krise den Tod an der Front gesucht. Aber seine Depressionen nach dem Scheitern auch der zweiten Ehe hatte er schon 1912 überwunden. Er trug sich mit dem Gedanken an einen Roman über einen Dreifrontenkrieg, wie er sich bei der Erstarrung der europäischen Bündnisse bereits deutlich abzeichnete. Für einen solchen Stoff benötigte ein so ausgeprägter Sinnesmensch wie Löns die eigene Erfahrung. Das Erlebnis des Krieges als Daseinsform, die es zu bestehen galt, sich mitten im Strudel der Ereignisse aufzuhalten – das waren seine Motive. Sein strenger Ehrbegriff duldete es auch nicht, daß noch Ältere und Schwächere als er sich freiwillig zu den Fahnen meldeten. Darum gab er nicht eher Ruhe, bis ein Regiment gefunden war, das ihn annahm: das traditionsreiche Füsilier-Regiment Generalfeldmarschall Prinz Albrecht von Preußen (Hannoversches) Nr. 73. Daß man ihn doch noch genommen hat, verdankte er der Fürsprache seines Bekannten Rohde, der als Zugführer beim Ersatzregiment diente. Denn Löns hatte – was im Kaiserreich eigentlich ein Makel war – nicht einmal der allgemeinen Wehrpflicht genügt, sondern kam als Ungedienter und fast unausgebildet an die Westfront. Was ihn nicht weiter störte: »Ich kann schießen und bei Nacht sehen wie eine Eule.« Am 3. September rückte er von Hannover mit einem Ersatztransport aus und wurde zunächst zur 3. Kompanie, danach zur 4. Kompanie eingeteilt, derselben, die später der Leutnant Ernst Jünger geführt hat.

Über die Ursachen des Krieges gab es für Löns so wenig Zweifel wie für die meisten Deutschen: Deutschland war seit Jahren eingekreist; es konnte sich gegen die unheimliche Bedrohung durch das zaristische Rußland, gegen die Revanchismusgelüste des »Erbfeindes« Frankreich und gegen das »perfide Albion« (England) nur noch wehren, indem es selber das Schwert aus der Scheide zog. Und was das völkerrechtswidrige Eindringen in das neutrale Belgien auf dem Vormarsch nach Frankreich anging, so tröstete man sich mit dem Wort des Reichskanzlers v. Bethmann Hollweg: »Not kennt kein Gebot«. Selbst die als »vaterlandslose Gesellen« titulierten Sozialdemokraten, mit denen Löns in seinen jungen Jahren sympathisiert hatte, waren nach der russischen Generalmobilmachung von der Pflicht durchdrungen, ihr Vaterland gegen den »Einfall« der Kosaken zu verteidigen. Diese Grundstimmung hielt sich auch über den verlorenen Krieg hinweg. Als Zumutung wiesen die Parteien der Weimarer Republik das deutsche Kriegsschuldanerkenntnis im Versailler Vertrag zurück.

Erst in den 60er Jahren entbrannte eine Kontroverse über die Ursachen des Ersten Weltkrieges. Während der Hamburger Historiker Fritz Fischer (Griff nach der Weltmacht, Düsseldorf 1964) und seine Schüler an einen vorsätzlichen, von langer Hand vorbereiteten Eroberungskrieg glauben, neigen andere Historiker zu der Ansicht, die deutschen Politiker und Militärs hätten aus Furcht und Verzweiflung ihr Heil in einem Präventivkrieg gesucht, teils in der begründeten Besorgnis, die vermeintliche Position als Weltmacht nicht mehr lange halten zu können, teils auch zur Ablenkung von schwerwiegenden verfassungspolitischen und sozialen Problemen. Daneben gibt es eine durch den Kieler Historiker Karl Dietrich Erdmann (Der Erste Weltkrieg, München 1980) repräsentierte revisionistische Schule, welche die Kriegsschuld mehr oder weniger gleichmäßig auf die Schultern aller imperialistischen

Mächte verteilen möchte, zumal die Politiker damals noch den Krieg oder die Kriegsandrohung als ein legitimes Mittel betrachteten, als »Ultima ratio«.

Unbeschadet des Ausganges dieser wissenschaftlichen Kontroverse bleibt eine Tatsache unbestreitbar: Das Kaiserreich hat im Juli 1914 in geradezu machiavellistischer Manier kaltblütig den Weltkrieg riskiert, in der Hoffnung, durch ein Erpressungsmanöver die Entente der Feindmächte zu sprengen oder aber, falls die anderen den Fehdehandschuh aufnahmen, den für unvermeidlich gehaltenen Waffengang zum letztgünstigsten Moment anzutreten.

Die deutschen Politiker verließen sich bei ihrem gewagten Spiel auf die zuversichtlichen Expertisen der Militärs. Der Generalstab vermeinte, ein unfehlbares Siegesrezept zu besitzen: den Feldzugsplan des ehemaligen Generalstabschefs Graf Schlieffen. Ehe sich die schwerfällige russische »Dampfwalze« gegen Deutschland in Bewegung setzen würde, sollte die Masse des deutschen Heeres an der Westfront binnen sechs Wochen Rußlands Verbündeten Frankreich aus dem Feld schlagen und zugleich das britische Expeditionskorps vom Kontinent vertreiben. Mit einem weitausholenden, unerwartet starken rechten Flügel wollte Schlieffen das französische Heer irgendwo zwischen Paris und dem Schweizer Jura in einer Art »Riesen-Cannae« umzingeln und vernichten.

4. Deutschland verliert die Marneschlacht

Als die Ersatzmannschaften des Füsilier-Regiments Nr. 73 Anfang September mit der Bahn durch das besetzte Belgien zur französischen Grenze transportiert wurden, mögen viele unter den 600 Soldaten noch gebangt haben, sie kämen zum Endsieg zu spät. Noch schien der atemberaubende Siegesmarsch der deutschen Armee unaufhaltsam. Löns hört von ferne den Kanonendonner vor der Festung Maubeuge, die am 7. September mit 40 000 Mann Gefangenen in deutsche Hände fiel (»Hurrah«, jubelt der Tagebuchschreiber). Es sollte der letzte Sieg gewesen sein. Während Löns und seine Kameraden in Fußmärschen über verstaubte Straßen und bei sengender Hitze der 2. Armee hinterhermarschieren, beginnt unversehens an der Marne eine französisch-britische Gegenoffensive. Heute wissen wir, daß Deutschland bereits zu diesem

Zeitpunkt den Feldzug und damit auch den Weltkrieg verloren hatte, obwohl dieser noch vier Jahre dauerte und Millionen von Menschen das Leben kostete.

Die Illusionen vom schnellen, kurzen Krieg, von der Heimkehr, »wenn die Blätter fallen«, waren jäh zerstoben. Zwar hatten die Franzosen die Invasoren tief ins Land hereinlassen müssen und ihre wichtigsten Industriereviere verloren, aber ihr Oberkommando hatte, geschickt den Vorteil der inneren Linie und das intakte Bahnnetz nutzend, die Armeen zusammengehalten und den Augenblick abgewartet, wo sich bei den Deutschen Clausewitzens Gesetz von der »abnehmenden Kraft des Angriffs« auswirkte. Die Gefechtsstärken der deutschen Armeen waren auf vierzig bis fünfzig Prozent gesunken, Gewaltmärsche und dauernde Kämpfe hatten die Truppe erschöpft. Die 2. Armee war – so der Bericht eines Abgesandten aus dem Großen Hauptquartier – zu Beginn der Marneschlacht nur noch »Schlacke«. Aber die Deutschen schafften es nicht einmal, rechtzeitig die insgesamt 150 000 Mann Ersatz dem Schlachtfeld zuzuführen; die Belgier hatten nämlich bei ihrem Rückzug das Bahnnetz nachhaltig zerstört. Löns notiert die Schäden. Kurz hinter der französischen Grenze war ohnehin Schluß; bis zur Front hatten die Ersatzmannschaften noch Fußmärsche bis zu 120 Kilometern zurückzulegen.

Zwischen dem 9. und 13. September 1914 mußten die Deutschen ihre Angriffsarmeen zwischen Verdun und Paris um etwa 80 Kilometer zurücknehmen, konnten dann aber die nachdrängenden Franzosen aufhalten. Ungläubig starrte die Welt auf »das Wunder an der Marne«, das Frankreich vor der Katastrophe bewahrt hatte. Im deutschen Hauptquartier brach eine Führungskrise aus. Der kranke und entnervte Generalstabschef Helmuth Graf v. Moltke wurde durch Kriegsminister Erich v. Falkenhayn ersetzt. Dem deutschen Volk hat man die kriegsentscheidende Niederlage jahrelang verheimlicht; selbst die Politiker wurden von den Militärs ein paar Wochen hinters Licht geführt.

Hermann Löns und seine Kameraden erfuhren auf dem Marsch überhaupt nichts von der Kriegswende. Als sie hörten, Reims sei kampflos in deutschen Besitz übergegangen, war die Stadt bereits wieder aufgegeben. Je näher die neuen 73er der Front rückten, desto unübersehbarer wurden auch für sie die Zeichen der verlorenen Schlacht: Flüchtlingszüge, Autos mit Verwundeten, völliges

Durcheinander in der Etappe, die ersten Fahnenflüchtigen. Als der Ersatz unter Leutnant v. Einem sein aktives Regiment erreicht, gerät man mitten hinein in die Phase des Übergangs vom Offensiv- zum Stellungskrieg. Stundenlang wird die Kompanie feindlichem Trommelfeuer ausgesetzt, zuweilen auch den Granaten der schlecht schießenden eigenen Artillerie. Da die Feldküchen unter- wegs liegengeblieben sind, werden die Soldaten von Hunger und Durst gequält; der frühherbstliche Dauerregen drückt auf die Stimmung. Es ist, so die rasche und verwunderte Erkenntnis des Kriegsfreiwilligen Löns, »ein Schweineleben«.

Der neue deutsche Generalstabchef und die Befehlshaber der Armeen in Frankreich wollten die Schlacht noch nicht verloren ge- ben. Bereits am 15. September 1914 ergeht der Befehl, auf der Li- nie Verdun – Reims – Noyon die Offensive wiederaufzunehmen. Die verstärkte 2. Armee unter Generaloberst v. Bülow soll Reims erneut nehmen. Aber überall bleiben die Angreifer im Feuer der Artillerie und Maschinengewehre liegen. In der amtlichen Kriegs- geschichte des Reichsarchivs, deren Verfasser in ihrem Urteil sehr zurückhaltend sind, lesen wir über die Schlacht an der Aisne und bei Reims: »Es war verhängnisvoll, daß die obere Führung zum Teil den wahren Zustand der Truppe nicht rechtzeitig erkannte; sie trieb diese fortgesetzt zu neuen Angriffen vor und forderte von ihr Leistungen, die sie nach allem, was vorangegangen war, in ihrem jetzigen Zustande unmöglich erfüllen konnte.«

Dessen ungeachtet befahl v. Falkenhayn am Morgen des 20. September neue Angriffe. Inzwischen war jedoch bei den Deutschen die Artilleriemunition so knapp geworden, daß den Ar- meen »äußerste Sparsamkeit« angeraten werden mußte. Der Truppe wurde nichtsdestoweniger zugemutet, »das weittragende feindliche Artilleriefeuer zu unterlaufen, die französischen Infan- teriestellungen zu überrennen und möglichst zahlreiche feindliche Artillerie zu nehmen«. Die Hoffnung auf einen operativen Durch- bruch hatte die deutsche Führung inzwischen aufgegeben – wäh- rend die getäuschte deutsche Öffentlichkeit noch einer Entschei- dung bei Reims entgegenfieberte. v. Falkenhayn ging es nur noch darum, möglichst viele feindliche Truppen zu fesseln, damit die 6. deutsche Armee, die von Lothringen an den rechten Flügel verlegt wurde, Zeit gewann, sich für einen Umfassungsangriff zu sam- meln. Dort, nördlich der Oise, war die Flanke noch offen. Deutsche und Alliierte versuchten hier, im freien Feld sich gegenseitig zu umfassen. Daraus entwickelte sich im September/Oktober 1914 der vergebliche »Wettlauf zum Meer«, der schließlich im November in dem Gemetzel bei Ypern – Symbol: Langemarck – zum Stillstand kam.

Hermann Löns' Kriegstagebuch ist eine Momentaufnahme von dieser Krise an der Westfront, hier mit dem Ausschnitt Champagne. Acht Tage lang kommt seine Kompanie nicht aus den Kleidern. Bei den dauernden Hin- und Hermärschen im Osten und Norden von Reims werden Kompanien, Bataillone und Regimenter durcheinandergewürfelt. Daraus erklären sich auch die wechselnden Kompaniebezeichnungen in dem Tagebuch; Löns kommt im ganzen I. Bataillon herum. Der 48 Jahre alte Kriegsfreiwillige, der in den letzten Tagen von Koliken und Durchfall geplagt wird und eigentlich ins Lazarett gehörte, wird selber versprengt und sucht tagelang seine Kompanie. Da in den schweren Kämpfen eine Reihe von erfahrenen Offizieren gefallen oder verwundet worden ist, wird das Regiment schließlich von drei Kampfbataillonen auf zwei umgegliedert. Löns' 4. Kompanie bildet nun zusammen mit der 3. die 2. Gefechtskompanie. Zeitweilig wird eine Restkompanie sogar von einem Feldwebel geführt, der wohl dafür das Eiserne Kreuz erhält.

5. Historisch-literarische Bewertung des Kriegstagebuches

In der Literatur des Ersten Weltkrieges kommt dem Tagebuch von Hermann Löns ein eigener Rang zu. Es atmet noch die Frische des unmittelbaren Eindrucks. Das Unfertige, Unbehauene, Fragmentarische läßt der Phantasie des Lesers viel Raum, denn niemand vermag zu sagen, was Löns dereinst aus diesem Rohmaterial gemacht, was er weggelassen, was stilisiert und in welche Form er es eingebunden hätte. Einzelne Worte stehen für ein ganzes Kapitel, dessen Inhalt uns verborgen bleibt; ein Satz könnte das Konzept für eine Novelle sein – eine Schlachtenszene, eine feierliche Abendstimmung der Vorentwurf für ein Gedicht.

Löns entfaltet in diesem Tagebuch noch einmal seine vielen Talente: als journalistischer Beobachter, als Tierfreund, Pflanzenkenner und Umweltschützer. Das Reizvolle ist die unnachahmliche Kombination von Schlachtenbeschreibung und Naturschilderung, diese Gleichzeitigkeit des ewig gleichen Naturgeschehens und der zerstörerischen Willkür des Menschen. »Überall Feuer, nah und fern. Turteltaube schwingt sich in Baum am Weg, da Granaten sie aus Wald verjagt.« – »Eine dicke Hummel summt vorbei. Granaten zerraspeln rechts die graue Morgenluft.« – »Lerchenfalke jagt Lerche im Granatfeuer.« – »Das Feuer wird immer fürchterlicher. Ich kann nicht sitzen, nicht liegen, nicht stehen in dem engen Graben. Botanisiere mit den Augen blauen Rittersporn, rosiges Löwenmaul...« Es schmerzt ihn, wenn die Soldaten auf ungedroschenem Weizenstroh kampieren, und er macht sich Gedanken darüber, wie lange wohl die von Granaten zerfurchte, von Soldaten zertrampelte Ackerkrume unbestellbar sein wird.

Auf jeder Seite verrät sich der Journalist, der Löns wider Willen, der Not nach seinem Studium gehorchend, geworden war. Er hat das Zeitungshandwerk von der Pike auf gelernt, an vielerlei Orten (Kaiserslautern, Gera, Hannover, Bückeburg) und in vielerlei Funktionen (als freier Mitarbeiter, als Redakteur für Lokales und Provinz, für Feuilleton und Vermischtes, zeitweilig auch als Chefredakteur). Kaum ist er bei Lüttich über die Grenze, hält er schon mit dem Bleistift fest, was ihm auffällt; keine Einzelheit entgeht ihm. Es hilft ihm dabei der geschulte Blick des Malers und Zeichners, der er auch gewesen ist (an wenigen Stellen hat er Skizzen eingestreut).

In der Schärfe und scheinbaren Kühle seiner Beobachtung erinnert Löns an den Tagebuchschreiber Ernst Jünger, der mit ihm die Vorliebe für naturwissenschaftliche Studien teilte. Obschon er nicht mehr die Materialschlachten der späteren Jahre (Verdun, Somme) erlebt hat, überkommt ihn bereits im September 1914 im Trommelfeuer die auch von Jünger empfundene Vision von der Industrialisierung des Krieges: »Der Schlachtenlärm erinnert an Fabriklärm. Er regt mich nicht auf, erfüllt mich mit Widerwillen.«

»Unten, wo das Leben konkret ist«, wie Hegel sagt, ist Hermann Löns auch im Krieg zu finden, so wie es ihn in Friedenszeiten immer wieder aus der Großstadt und seinem künstlerisch-intellektuellen Umfeld hingezogen hatte zu den Bauern, Fischern, Handwerkern, Arbeitern, auf die Märkte und in die Kneipen. Er ist sich nicht zu schade, die Banalitäten des Landserdaseins aufzuzeichnen, und stimmungsvoll gerät ihm die Biwakszene am Vorabend seines letzten Erdentages.

Für den Historiker interessant sind die unvermittelten kritischen Einblendungen, die den dokumentarischen Wert dieses Kriegstagebuchs vermehren. Mit zwei, drei Sätzen enthüllt er den Wahnsinn des Krieges: »Wieder Flüchtlinge. In einem Wagen Wöchnerin, im anderen sterbende Frau.« (11. 9. 14) – »...Leichen, Leichen, Leichen. Verwesungsgeruch hier und da ganz schlimm.« (23. 9.), skizziert er die allmähliche Verrohung der Krieger: »Ein Füs[ilier] bringt dem Feldwebel Totenmarken. Der nimmt sie, ohne Gesicht zu verziehen.« (25. 9.), beleuchtet er das Menschenunwürdige am Kommiß: »Wenn man nur wüßte, wie es mit uns stände, und wenn man genießbares Brod und Wasser hätte und nicht bei jeder Gelegenheit unnütz grob behandelt würde.« (15. 9.), entlarvt er den Klassengeist im preußischen Heere: »Bad unter Lokomotivpumpe. Erst Offiziere, dann Mannschaften.« (6. 9. 14).

Dank der Erinnerungen eines ehemaligen Feldwebels der 4. Kompanie sind wir in der Lage, eine Szene aufzuschlüsseln, die Löns nur andeutet, die ihn aber sehr bewegt haben muß. Unter dem 23. 9. notiert er: »Offizier in Zivil, der telefoniert, gefangen und erschossen.« Einen Tag danach, vor dem Einschlafen: »Denke an die Leichen, an den erschoss[enen] Spion.« Wilhelm Böttcher, damals noch Unteroffizier, hat Jahrzehnte später beschrieben, wie der Spion am Westausgang des Dorfes Pontgivart nachmittags an einer Strohdieme erschossen wurde. Mit der Exekution war ein Zug des Schwesterregiments Nr. 74 beauftragt worden. Der Franzose bat vor der Hinrichtung darum, ihn nicht zu fesseln und ihm die Binde abzunehmen, damit er bis zum letzten Augenblick die Sonne sehen könne. Der Wunsch wurde ihm erfüllt. Ehe das Kommando »Feuer« ertönte, rief er noch »Vive la France!« Unter den vielen Soldaten, die sich die Szene anschauten, traf Böttcher auch Hermann Löns an. Hinterher erörterten die Augenzeugen den Sinn der Hinrichtung. Löns meinte, ein so tapferer Patriot gehöre nicht erschossen, sondern solle bis zum Ende des Krieges in Gefangenschaft gehen.

Der Kriegsteilnehmer Löns unterscheidet sich um Welten von dem berühmtesten deutschen Kriegsdichter des Ersten Weltkrieges, Walter Flex (1917 auf Ösel gefallen), der bis in den Zweiten

Weltkrieg und darüber hinaus Generationen junger Menschen begeistert hat. Dessen feurige Vaterlandsliebe, die sich bis ins Religiöse steigert und für heutige Ohren zuweilen schwer erträglich ist, seine Verklärung des soldatischen Opfergangs (»Wer auf die Fahne Preußens schwört, hat nichts mehr, was ihm selber gehört«), seine pathetischen Aufrufe und Gesänge zum Kampf gegen Deutschlands Feinde – von all dem ist im Tagebuch des (freilich älteren und gereifteren) Kriegsfreiwilligen Hermann Löns keine Spur zu finden. Er hat auch nicht, wie Jünger und andere, Krieg und Kampf ästhetisiert noch über deren Sinn reflektiert – dazu ward ihm auch keine Zeit gelassen. Unverkennbar ist jedoch der Fatalismus des Jägers und Naturkenners, der uns im Löns'schen Werk so oft begegnet: kein Ausbruch kreatürlicher Angst, kein Hadern mit Gott, aber auch kein Gottvertrauen, kein Selbstmitleid.

Da wir nicht wissen, wie ein Hermann Löns in einer ausgearbeiteten Fassung das Thema des Weltenbrandes bewältigt hätte, erübrigt sich ein Vergleich mit den großen Kriegsdarstellungen anderer Schriftsteller (Ludwig Renn, Georg von der Vring, Arnold Zweig, Ed Köppen, Theodor Plivier), die nach dem Krieg veröffentlicht wurden. Doch drängen sich Parallelen zu dem wirkungsvollsten Anti-Kriegsroman der zwanziger Jahre auf, zu Erich Maria Remarques »Im Westen nichts Neues«: da gibt es bei der Kurzausbildung des Rekruten in Hannover einen Unteroffizier Himmelstoß (nur heißt er bei Löns, nicht minder einprägsam, »Stünkel«); da ist der gleiche, jähe Umschwung von der ungeduldigen Vorfreude auf das erste Gefecht zum Erschrecken über den ersten Toten bis zur Verzweiflung nach stundenlangem Trommelfeuer: »Einer sagt: ›Wir sind verloren!‹« (14. 9.); da ist die gleiche ungeschminkte Darstellung des erbärmlichen Daseins im Schützengraben: »Wie die Schweine sehen wir am Gesicht, [an] Händen, Zeug und Stiefel[n] von dem Mergel und Lehm aus. Seit vier Tagen nicht gewaschen.« (15. 9.) Löns registriert penibel auch die Leiden des eigenen Fleisches, die seine Biographen nicht zitieren mochten: »Muß siebenmal zur Latrine...Muß mich draußen umziehen, weil Hemd voll. Nacht mild. Trotzdem habe ich eiskalte Füße im dicken Stroh.« (24. 9.) An dieser Stelle überkommt ihn der ganze Jammer der Welt: »Leben ist Sterben, Werden, Verderben.«

Auffallend sind die Todesahnungen des Tagebuchschreibers. Es mögen momentane Stimmungen sein, die Löns einfach für späteres Erinnern festhalten wollte. Allerdings litt er von früh an unter der Gabe des Zweiten Gesichts, die bei Bewohnern der norddeutschen Tiefebene nicht ungewöhnlich ist. Schon beim ersten Marsch in Feindesland gemahnt ihn das Morgenrot an Theodor Körners Lied vom frühen Soldatentod. Er unterläßt es nie, einzelne Soldatengräber oder Massengräber zu verzeichnen; ihm kommen nachts Erinnerungen an tote Kameraden; ihm, dem alten Waidmann, entgehen nicht die Bilder von »Jägers Leichenzug«, die er in einem französischen Wirtshaus entdeckt; und am Tag vor seinem Tode bringt er als einzige Gedichtzeilen zu Papier: »Auf diesem Grabstein könnt Ihr's lesen, / daß dieser ist Soldat gewesen. / Der hier liegt und der hier ruht, / war ein treu Soldatenblut.«

Am Abend dieses 25. September 1914 erging an die 2. Armee der Befehl zum erneuten Angriff, auf den Generalstabschef v. Falkenhayn seit Tagen gedrängt hatte. Das X. Armeekorps unter General v. Emmich sollte die Straße Reims-Berry-au-Bac (Nationalstraße 44) überqueren und das dahinterliegende Dorf Villers-Franqueux nehmen. »Das Füsilier-Regiment hatte den ehrenvollen Auftrag, bei diesem Unternehmen in erster Welle zu stürmen«, heißt es in der Regimentsgeschichte der 73er. »Frohe Stimmung, und es geht in die Linie«, lautet die letzte Eintragung bei Löns. Für ihn war es der erste Sturmangriff – bis dahin hatte seine Kompanie immer in der zweiten Linie in Wartestellung gelegen. Ob Löns in seinen letzten Stunden noch auf feindliche Soldaten, auf Menschen hat schießen müssen, zum ersten und letzten Male in seinem Leben, ist unbekannt.

Das Angriffsziel war taktisch bedingt: Die Deutschen lagen im Grunde, die Franzosen auf der Höhe, also mußte man versuchen, die Stellungen vorzuverlegen und zu verbessern. »Der 26. September sollte zu einem der blutigsten Schlachttage dieses ganzen Kriegsabschnittes werden«, heißt es lapidar im Werk des Reichsarchivs. Der Historiker und Politologe Peter Graf Kielmansegg urteilt über die abermaligen Fesselungsangriffe vor Reims und an der Aisne: »Ein letzter verzweifelter, mit blutigen Opfern bezahlter Versuch, aus dem die Front endgültig in erschöpfte Starrheit zurückfiel.« Einzelne Sturmsoldaten des Füsilier-Regiments Nr. 73 haben im Morgengrauen den Dorfrand von Villers-Franqueux erreicht, aber die feindliche Gegenwehr war zu stark, und die deutsche Artillerie, die ohnehin kaum noch Munition hatte, ließ die Infanterie im Stich. Die Reste der Angriffskompanien mußten bis an die Straße oder dahinter zurückgenommen werden, ihre vielen Verwundeten blieben in Feindeshand.

Der Bataillonskommandeur, Hauptmann Freiherr Hiller v. Gaertringen, hatte am Vortage noch den Dichter Löns, dessen Bücher er kannte, zu sich befohlen und ihn gelobt, weil er Tagebuch führe. Mit spürbarem Stolz hat es Löns vermerkt. Was er verschweigt: Kommandeur und Kompaniechef wollten ihn als Kriegstagebuchschreiber in den Regimentsstab versetzen, wollten ihn schonen. Aber der 48jährige Füsilier beharrte darauf, mit seinen Kameraden in die vorderste Linie einzurücken.

Die näheren Umstände seines Todes sind in Dunkel gehüllt. Sofort hat sich die Legende seiner bemächtigt. Das ist nur zu begreiflich. Das ganze Regiment rechnete es sich zur Ehre an, den populären Dichter in seinen Reihen gehabt zu haben. Mancher, ob Offizier, ob Gemeiner, wollte noch am letzten Tag mit ihm gesprochen haben, wohl gar beim Sturmangriff an seiner Seite gewesen sein. Darum versagen wir es uns, die vielen »letzten Worte« wiederzugeben, die ihm nachher in den Mund gelegt wurden.

Über Art und Zeitpunkt des Todes gibt es zwei Versionen. Karl Senne, ein Hannoveraner aus der 3. Kompanie, hat berichtet, Löns sei morgens um halb sechs nahe der Zuckerfabrik von Loivre im mörderischen Gewehrfeuer französischer Alpenjäger durch Herzschuß getötet worden. Er sei, als er in einer hohlwegartigen Straße Deckung suchte, auf das Gesicht gefallen. Senne, der sich in einen Granattrichter kauerte, will (im Feuer?) gehört haben, daß Löns noch ein paarmal gestöhnt hat. Die Regimentsgeschichte schweigt sich darüber aus, zitiert lediglich einen Leutnant Rulff, daß »ein Gewehrschuß sein heißes Herz, sein unstetes Leben und Lieben zur Ruhe brachte« – was nicht unbedingt mit einem Herzschuß identisch sein muß.

Die andere Aussage stammt von dem Füsilier Theodor Zisenis, der als zweiter Schütze neben Löns gelegen haben will, in einem Kleeacker hundert Meter vor der Zuckerfabrik von Loivre. Vor ihnen, in einem Wäldchen, lagen französische Scharfschützen auf der Lauer. Offensichtlich spielt diese Szene am frühen Vormittag oder noch später, also nach dem Scheitern des Angriffs auf das Dorf, denn: »Löns hatte ein kleines Buch und einen Bleistift in der Hand; er schien sich Notizen zu machen.« Das könnte in der Tat so gewesen sein, denn die letzten Zeilen in seinem Tagebuch zeigen ein verändertes Schriftbild; Löns hat gelegentlich Notizen nachgetragen. Zisenis will seinen Nebenmann noch gewarnt haben: »Löns, nimm volle Deckung!«, der jedoch habe weiter Notizen gemacht, »bis ihn der tödliche Kopfschuß traf«. Eine Aussage Ernst Jüngers in einem Brief an den Verleger des Orion-Heimreiter-Verlages könnte die Version bestätigen: »Ich habe mit einem Füsilier gesprochen, der neben dem Dichter lag, als er fiel.« Von einem »Kopfschuß« berichtete auch der Unteroffizier der Reserve Dr. Karl Weber, als er am Tage darauf in einem Feldpostbrief an seinen Vater den Tod des Dichters meldete.

Zumindest die Stelle, wo Löns gefallen ist, wird einigermaßen genau beschrieben. Laut Aussage des Feldwebels Böttcher starb er rechts von dem Wege, der von Berméricourt über den Marktplatz von Loivre über ein kleines Wäldchen nach Villers-Franqueux führte. Ungefähr dort, so besagt eine Skizze, die General v. Emmich drei Monate später anfertigen ließ, soll – »nach Aussagen von Mannschaften seiner Kompanie« – auch das Löns-Grab gelegen haben. Aber zur Grabstelle liegen ebenfalls widersprüchliche Aussagen vor. Füsilier Zisenis behauptet, er habe abends in der Dunkelheit, zusammen mit zwei Kameraden, die Leiche des Dichters in die Zuckerfabrik getragen und dort auf Stroh gebettet. »Wer ihn von dort fortgebracht hat, kann ich nicht sagen.« Füsilier Senne, der freilich zur 3. Kompanie zählte, berichtete nur, er habe abends Löns noch in derselben Haltung, in der er gestorben sei, zehn Meter rechts der Straße liegen sehen. Erst eine Woche danach pirschte sich in der Nacht vom 1. auf den 2. Oktober eine Patrouille ins Niemandsland vor Loivre, um die toten Kameraden zu bestatten. Unter dauerndem feindlichen Feuer haben sie die Leichen notdürftig in Granattrichtern verscharrt. Unteroffizier Wilhelm Achenbach, der für General v. Emmich die Skizze vom Todesort des Dichters gezeichnet hatte (unterschrieben hatte Leutnant v. Redern), ist später noch dreimal im Gelände gewesen. Er konnte im Trichterfeld kein Grab finden.

Anfang Juni 1918, als deutsche Divisionen bei General Ludendorffs dritter Frühjahrsoffensive zwischen Soissons und Reims abermals bis an die Marne vorgedrungen waren, hat das Stellvertretende Generalkommando des X. Armeekorps ein Kommando in die Gegend von Loivre geschickt, um das Löns-Grab zu suchen. Nach einer eidesstattlichen Aussage des Soldaten W. Krüger vom Reserve-Regiment Nr. 74 fand man, allerdings etwas weiter weg vom Hohlweg, vier bis sechs Grabhügel, die reichlich neu zu sein schienen. Ein Hügel war ohne Kreuz. Die Soldaten setzten ein schweres Eichenkreuz darauf, und ein Infanterist Fließ aus Braunschweig heftete daran eine Tafel mit der Inschrift: »Hier ruht in Gott Kriegsfreiw. Herm. Löns – gefallen auf Patrouille September 1914.« Darunter setzte er die Verse: »Solange noch die Eichen wachsen,/ in Feld und Wald, um Hof und Haus,/ solange stirbt in Niedersachsen/ die alte Stammesart nicht aus.«

Als deutsche Kriegsgefangene, die in einem Umbettungskommando arbeiteten, nach dem Kriege das Grab fanden, war das Kreuz umgefallen. Am 11. Dezember 1919 wurden die vermeintlichen Gebeine des Dichters ausgegraben und in einem einfachen Sarg auf dem neuangelegten Militärfriedhof Luxembourg bei Cauroy-lès-Hermonville beigesetzt. Nach einigen Jahren hat man die Gebeine auf den großen Soldatenfriedhof bei Loivre überführt. Seither war das Grab verschollen. Löns-Freunde ließen in Loivre einen Gedenkstein errichten: »Mit seinen Kameraden ruht in einem der Sammelgräber der deutsche Heidedichter Hermann Löns.« War ihm also doch beschieden, was er sich gewünscht?« Auf meinem Grabe soll stehen kein Stein,/ kein Hügel soll dort geschüttet sein,/ kein Kreuz soll liegen, da wo ich starb,/ keine Träne fallen, wo ich verdarb./ ... spurlos will ich vergangen sein.«

7. DAS »LÖNS-GRAB« IN DER LÜNEBURGER HEIDE

Schon bald nach dem Krieg – die deutsche Jugendbewegung hatte inzwischen Hermann Löns, neben Walter Flex, zu ihrem Lieblingsschriftsteller erkoren – regten sich Wünsche, die Gebeine des Dichters in seine Heimat zurückzuholen und dort zur letzten Ruhe zu betten, wo er eigentlich zuhaus gewesen war: in der Heide, irgendwo zwischen Westpreußen und Westfalen. Doch seit Löns im Massengrab lag, verstummten diese Stimmen. Bis 1932 oder 1933 der Bauer Jules Sohier bei den »Arbres des Boulangers« in der Nähe von Loivre einen verrotteten Soldatenstiefel aus der Erde pflügte; man fand an der Stelle ein Skelett, das dann auf dem Soldatenfriedhof in dem Grab Nr. 2128 bestattet wurde.

Geraume Zeit danach – inzwischen hatte Hitler in Deutschland die Macht übernommen – kam die Stunde des Friedrich Castelle. Dieser nationalsozialistische Kulturfunktionär hatte schon in den zwanziger Jahren Gesammelte Werke von Hermann Löns herausgegeben und Löns-Vorlesungen veranstaltet. Im Einverständnis mit der Witwe Lisa Löns und unterstützt von dem Löns-Verleger Heinz Sponholtz betrieb er energisch die Rückführung der sterblichen Überreste des Dichters, denn für ihn stand fest: Niemand anders lag im Grab Nr. 2128 als Hermann Löns. Jetzt endlich, meldete der »Völkische Beobachter« am 8. Mai 1934, sei es dem Zentralnachweisamt für Kriegerverluste und Kriegsgräber in Berlin-Spandau gelungen, das gesuchte Grab zu ermitteln. Der Friedhofswärter Adrien Renans wollte nämlich bei den Gebeinen eine Erkennungsmarke gefunden haben, deren Nummer mit den Eintragungen in der Stammrolle des Kriegsfreiwilligen Löns übereinstimmte.

Die Stammrollen in dem Spandauer Amt sind im Zweiten Weltkrieg verbrannt, so daß man die widersprüchlichen Angaben über die Beschriftung nicht mehr nachprüfen kann. Es existiert lediglich noch eine Photographie der Marke, deren linke Seite arg lädiert aussieht, als habe jemand daran gearbeitet. Die Inschrift hätte lauten müssen: »F. R. 734.C309« (gemeint ist das Füsilier-Regiment Nr. 73, 4. Kompanie, Stammrollen-Nummer 309). Zu erkennen sind aber nur die Zahlen 73 und 309, allenfalls ahnen läßt sich die 4. C. Es könnte statt F. R. auch I. R. geheißen haben; dann hätte die Marke einem Soldaten des Reserve-Infanterie-Regiments Nr. 73 gehört. Der Volksbund Deutsche Kriegsgräberfürsorge in Kassel hat dazu am 30. Mai 1962 erklärt: »Mit absoluter Sicherheit kann nicht gesagt werden, ob es wirklich der Heidedichter Hermann Löns gewesen ist.«

Doch im August 1934 ordnete die Reichsregierung an, man solle die Gebeine des Dichters aus Frankreich heimholen. Als Ruheplatz hatten Castelle und seine Freunde die ehrwürdigen Sieben Steinhäuser, ein Hünengrab in der Nähe von Fallingbostel, ausersehen. Doch eine Woche vor der geplanten Beisetzung, im Oktober desselben Jahres, wurde dem Bruder des Dichters, Ernst Löns, vertraulich mitgeteilt, in jenem Gebiet wolle das Heer einen Schießplatz einrichten. Man mußte sich also nach einem anderen Ort umsehen. Inzwischen hatte aber ein Düsseldorfer Bestattungsunternehmen bereits die Gebeine in Loivre exhumiert.

Nun begann eine Tragikomödie, die überhaupt nur vor dem Hintergrund des Kompetenzwirrwarrs von militärischen und staatlichen Stellen und den verschiedenen Parteigliederungen im »Dritten Reich« begreiflich wird. Der Zinksarg wurde zunächst in einem Hotel, dann in der neuen Friedhofskapelle von Fallingbostel aufgebahrt. Die SA stellte eine Ehrenwache ab. Doch mittlerweile kursierten Gerüchte, mit der Erkennungsmarke stimme etwas nicht. Die Familie Löns erwog, Schädel und Gebiß des Toten von Ärzten prüfen zu lassen, die Hermann Löns behandelt hatten.

Ehe es dazu kam, handelte die Partei. Die Nationalsozialisten befürchteten anscheinend einen peinlichen Skandal. Der Gauleiter von Ost-Hannover, Otto Telschow, wandte sich um Rat an Reichspropagandaminister Josef Goebbels. Mit Einverständnis Hitlers wurde angeordnet, den Sarg in aller Stille auf der »Löns-Heide« beizusetzen. SA-Männer entführten im Morgengrauen den Sarg aus der Kapelle, ohne daß der Pastor unterrichtet wurde. Am 30. November 1933 sei, so meldete die Presse hernach, Hermann Löns im Wacholderhain bei Fallingbostel beerdigt worden. Das Grab lag in der Nähe der Ortschaft Barrl unweit der Straße Soltau-Hamburg.

Da die Nationalsozialisten behaupteten, sie hätten übler Geschäftemacherei zuvorkommen müssen, wollten sich die Gemüter nicht beruhigen. Schon flüsterte man sich zu, Löns sei Jude gewesen und darum heimlich verscharrt worden. Der Sponholtz-Verlag fühlte sich genötigt, einen Auszug aus dem Stammbaum der Familie Löns zu publizieren, mitsamt dem Befund der Reichsstelle für Sippenforschung: »Löns ist deutscher Herkunft und frei von jüdischem und farbigem Bluteinschlag im Sinne der Aufnahmebedingungen der Nationalsozialistischen Deutschen Arbeiterpartei.«

Lisa Löns gelang es, die Wehrmacht für den Fall zu interessieren, und Reichskriegsminister v. Blomberg erwirkte bei Hitler eine endgültige Bestattung mit militärischen Ehren. Zuständig war das X. Armeekorps, dem Löns' Regiment angehört hatte. Ausgerichtet wurde die Zeremonie vom neuaufgestellten Artillerieregiment

Nr. 22 in Verden an der Aller, dessen Kommandeur Walther v. Seydlitz hieß (er hat später als General nach der Katastrophe von Stalingrad aus sowjetischer Gefangenschaft zum Widerstand gegen Hitler aufgerufen). Auf die FA, die den Militärs im stillen noch grollte, weil diese ein Jahr zuvor Gewehr bei Fuß gestanden hatten, als Hitler eine Reihe hoher SA-Führer erschießen ließ, mußte das Eingreifen v. Blombergs wie eine arge Herausforderung wirken. Der Oberpräsident von Hannover, Victor Lutze, zugleich Stabschef der SA, verbot der Partei und allen angeschlossenen Organisationen die Teilnahme an der Trauerfeier.

So wurde denn am 2. August 1935 der unbekannte Soldat aus Loivre zum dritten Mal umgebettet. Eine bespannte Lafette trug den Sarg zum Tietlinger Forst im Naturschutzpark Lüneburger Heide. Der Bauer Wilhelm Asche hatte seinen Wacholderhain als Grabstätte dem Staat geschenkt. Nur zwei der Trauergäste hatten die braune Uniform der NSDAP angezogen: Dr. Castelle und Löns-Bruder Ernst. General Knochenhauer erhob das neue Grab »zum Heldengrabe des Deutschen Reiches und zum Ehrenmal für das X. Armeekorps«. In einer Kupferhülle, von der die Regimentsgeschichte pathetisch vermerkt, sie liege »auf dem Herzen des Dichters«, wurde ein von Hitler eigenhändig unterschriebenes Dokument den Gebeinen beigegeben: »Dieser Steinsarg birgt die Gebeine des im Großen Weltkriege am 26. im Scheiding 1914 gefallenen Dichters und Kriegsfreiwilligen Hermann Löns.« Die Ehrensalve der Soldaten scheuchte einen Sperber auf, der im Sturzflug fast über das Grab hinfuhr – man hielt es für ein Zeichen. Die Ruhestätte wurde mit einem großen Findling bedeckt, auf dem die Worte »Hier ruht Hermann Löns« und sein Erkennungszeichen, die Wolfsangel, eingraviert sind. Jährlich pilgern Hunderttausende von Touristen andächtig an das »Löns-Grab«.

8. Die Bedeutung des Dichters Hermann Löns

Nicht genug des unwürdigen Schauspiels, das in den ersten Jahren des »Dritten Reiches« mit Hermann Löns veranstaltet wurde, – nach dem 8. Mai 1945 wurde er auch noch »entnazifiziert«. Ihm geschah Ähnliches wie Richard Wagner und Friedrich Nietzsche. Er wurde posthum mit Mißachtung und Häme dafür bestraft, daß die Nationalsozialisten seinen Namen und sein Werk vereinnahmt hatten. Literaturhistoriker und -kritiker machten einen weiten Bogen um Löns, was freilich dem Absatz seiner Romane, seiner Tier- und Naturgeschichten und seiner Lieder nie geschadet hat. Der Heidedichter wurde unbesehen der nunmehr verfemten »Blut- und Boden-Literatur« zugeschlagen. Man verzieh es ihm nicht, daß er ein paar Jahre vor dem Ersten Weltkrieg für U-Boot-Fahrer ein »Matrosenlied« gereimt hatte, welches im Zweiten Weltkrieg als »Engelandlied« Sondermeldungen über Luft- und Seesiege begleitete. Man wollte nicht vergessen, daß 1944/45, als die Nationalsozialisten in den vom Feind besetzten Reichsgebieten unter dem Namen »Werwolf« eine Partisanenorganisation aufziehen wollten, in der gleichgeschalteten Presse Löns' »Schlah doot«-Roman »Der Wehrwolf«, eine Bauerngeschichte aus dem Dreißigjährigen Krieg, abgedruckt worden war.

Nun hat Hermann Löns gewiß dem wilhelminischen Zeitgeist gehuldigt, »völkisch« gedacht – man beachte nur, wie er auf dem Marsch durch Belgien und Frankreich nach »germanischen« Menschen Ausschau hält – und gelegentlich harte sozialdarwinistische Maßstäbe angelegt. Aber man wird den bürgerlichen Lobsänger des Bauerntums schwerlich politisch festlegen können; hat er doch auch seine sozialdemokratische und seine sozialkritische Phase gehabt, so wie er in der Kunst alle Modeströmungen mitvollzogen hat – Junges Deutschland, Naturalismus, Realismus, Impressionismus –, bis er seinen eigenen, unverwechselbaren Stil fand.

Die Spanne seines Lebens – Hermann Löns wurde am 29. August 1866 im westpreußischen Kulm als Sohn eines westfälischen Lehrers geboren – umschreibt ziemlich genau Aufstieg und Niedergang des von Bismarck geprägten preußisch-deutschen Nationalstaats: von der Schlacht bei Königgrätz bis zur Marneschlacht. Sein Geburtsort wurde bereits 1919 polnisch, und sein letztes Werk, dieses Kriegstagebuch, liegt heute in einer westfälischen Bibliothek. Untrennbar mit seinem Namen verbunden aber ist seine Wahlheimat, die Lüneburger Heide, der er durch seine »gerissen gefühlsseligen Romanzen« und »Lieder im Volkston« (Robert Minder), durch seine Tier- und Landschaftserzählungen, durch seine Bauernromane einen festen Platz in der europäischen Literaturgeschichte erobert hat, so wie das Heide- und Moordorf Worpswede in der Malerei stilbildend gewirkt hat.

Hermann Löns war mehr als nur ein Heimatdichter; er hat jedoch aus Überzeugung die neue Heimatbewegung gefördert, ohne sich ihr mit Haut und Haar zu verschreiben. Erst seit der Begriff »Heimat« von den Intellektuellen vor einigen Jahren in ihre Erlebniswelt zurückgeholt wurde, läßt sich auch ein neuer Zugang zu dem Niedersachsen Löns finden, dem »Grünen«, der sich als Natur- und Umweltschützer engagierte und der als Waidmann mehr Heger als Jäger war. Unzähligen Lesern hat er die Augen für die Natur geöffnet, sei es mit den Jagdgeschichten (»Mein grünes Buch«, 1901), sei es mit den Tiergeschichten (»Mümmelmann«, 1909, bisherige Auflage: 525000) oder den beliebten Feuilletonplaudereien, die er als »Fritz von der Leine« zuerst in hannoverschen Zeitungen veröffentlichte. Seine Lyrik, die er selber nicht allzu hoch schätzte, fasziniert bis heute Sänger und Musiker. An die 340 Komponisten haben sich an den Liedern des »Kleinen Rosengartens« (1911) versucht, von dem bislang mehr als 300000 Exemplare verkauft wurden.

Hermann Löns war ein zutiefst zerrissener Mensch. Der tyrannische Vater und die mit vierzehn Kindern überforderte Mutter haben die Entfaltung seiner Persönlichkeit eher behindert. Bei Hermann Löns wechseln zeitlebens Güte und Schroffheit, Heiterkeit und Schwermut, Geselligkeit und Einsiedelei. Der französische Germanist Robert Minder nennt ihn einen Wurzellosen, »der als Journalist... Zeilen schindet, durch zerrüttete Ehen hindurch sich in immer neue Liebesaffären verstrickt, im Krieg den Aufbruch zum wahren Leben zu finden glaubt«. Löns war ein Getriebener, der nicht zur inneren Ausgeglichenheit finden konnte. Das zeigt sich auch an seiner unkonventionellen Arbeitsweise als Schriftsteller. Seine Romane – die Bauernchronik »Der Wehrwolf« (1910) und die Liebesgeschichte »Das zweite Gesicht« (1911), beide mit mehr als 850000 Auflage – hat er in einer Art Ekstase niedergeschrieben. Der an schnelles Arbeiten gewöhnte Journalist stand dem Schriftsteller immer wieder im Wege.

Zur stilistischen und sprachschöpferischen Meisterschaft jedoch erhob er sich in der Kurzprosa. Einige seiner Geschichten sind von dem Stoff, der die Zeiten überdauert. So wie das kleine Tagebuch des Füsiliers Hermann Löns...

Hamburg, Sommer 1986   Dr. Karl-Heinz Janßen

Literaturhinweise zum Kommentar

I. Zur Archivlage

Gerhart Enders, Die ehemaligen deutschen Militärarchive und das Schicksal der deutschen Militärakten nach 1945, in: Zeitschrift für Militärgeschichte 8/1969, S. 599

Karl Ruppert, Heeresarchiv Potsdam 1936–1945, in: Der Archivar, 3. Jg., 1950, S. 177

Friedrich-Christian Stahl, Die Organisation des Heeresarchivwesens 1936–1945, in: Aus der Arbeit des Bundesarchivs, Boppard 1977

II. Zum Ersten Weltkrieg

Herbert Cysarz, Zur Geistesgeschichte der Weltkriege, Bern 1973

Deutsche Rangliste der deutschen Armee und Marine, Stand vom 2. 1. 1914, Oldenburg i. Gr. 1914

Deutsche Tat im Weltkrieg 1914/1918, Band 70: Geschichte des Füsilier-Regiments Generalfeldmarschall Prinz Albrecht von Preußen (Hann.) Nr. 73, hrsg. von Hans Voigt, Berlin 1938

Karl Dietrich Erdmann, Der Erste Weltkrieg, in: Gebhardt, Handbuch der deutschen Geschichte, Bd. 18, München 1980

Walter Falk, Der kollektive Traum vom Krieg, Heidelberg 1977

Fritz Fischer, Griff nach der Weltmacht, Düsseldorf 1964

Sebastian Haffner/Wolfgang Venohr, Das Wunder an der Marne, Bergisch Gladbach 1982

Karl-Heinz Janßen, Der Kanzler und der General, Göttingen 1967

Peter Graf Kielmansegg, Deutschland und der Erste Weltkrieg, Frankfurt 1968

Wolfgang Paul, Entscheidung im September, Esslingen 1974

Rangliste der Königlich-Preußischen Armee und des XIII. (Königlich-Württembergischen) Armeekorps für 1913, Berlin 1913

Reichsarchiv, Der Weltkrieg 1914–1918, Bd. V, Der Herbstfeldzug 1914, Berlin 1929

III. Zu Hermann Löns

Martin Anger, Hermann Löns, Schicksal und Werk aus heutiger Sicht, Kürten 1978

Wilhelm Böttcher, Ich war Hermann Löns' Kamerad, in: Schaumburger Heimatblätter, Jg. 1959

Wilhelm Deimann, Hermann Löns – Leben und Schaffen, in: Hermann Löns Werke (Gesamtausgabe), hrsg. von W. Deimann, 5 Bde., Hamburg 1960/61

Festschrift zum 50. Todestag von Hermann Löns, hrsg. von Prof. Dr. F. Steiniger, Hannover 1964

Erich Griebel, Hermann Löns – Der Niederdeutsche, Berlin 1934

Fritz Klein, Hermann Löns, Die schönsten Erzählungen und Zeichnungen, Umweltschutz, Natur, Landschaft, Hannover 1985

Uwe Kothenschulte, Hermann Löns als Journalist, Dortmunder Beiträge zur Zeitungsforschung, Bd. 13, Dortmund 1968

Robert Minder, Lüneburger Heide, Worpswede und andere Heide- und Moorlandschaften, in: ders., Acht Essays zur Literatur, Frankfurt a. M. 1969

Wilhelm Spickernagel, Hermann Löns und unsere Zeit, Leipzig 1920

Wieder alles still, weit auf der Straße die Spitze neuer Truppen. Dann 164. Landwehr /Hameln/ Verbindungsleute erst, 73er Osnabrück, Zug Munitionsautos herunter, Bagage heran, die hinterher kommen. Ein weißer Langhorniger Ochse dazwischen, noch einer, ...164 tüchtig singend, weiter geht es zwischen Lagernde Truppe hindurch. Noch Corbenn Wald hört auf, Sind wird stärker, Feldpost überholt uns, wieder Aussicht auf Tal und Berg, finden 73er und 74er lagernd an der Straße. Gelbe Kalksteinbrüche, herrliche Aussicht, in buntes, leicht verschleiertes Ackerbautal und waldige Höhen. Abseits Linke noch großer Hof mit schönem Obst- und Blumengarten, Zwinger mit 2 Bracken und 1 Langhaar. Wir untersuchen Weinkeller. Butter /non plus/ Wein /non plus/. Wollen erst nichts geben, rücken schließlich, als mit Kompagnie gedroht wird, Butter und Wein genug heraus. Die Knechte kommen, 6 baumlange Kerle, der mit 2 schönen großen Birnen, 1 Brot und 1 Flasche Apfelmost. Die Knechte rotten sich zusammen, nehmen drohende Haltung an. Wir nehmen Gewehr unter Arm, entsichern, lassen Sagen voran und gehen hinterher. Die Madame mit Rohde und den Eltern in Weinkeller geht, weint die Tochter, ich tröste sie. In Corbenn suchen wir Quartier. Großer Hof belegt. Großer Pferdetransport. 100 rote Kreuzautos mit Verbundeten. Etappenkommando geht zurück. Dazwischen liegt in Querstraße, eine Viertelstunde lang dauert das. Dazwischen Offiziere beritten, Verwundetenauto. Himmel grau, Wolken eilen vor dem Wind. Es regnet stramm. Das 73 Rgt. zieht vorbei und entgegen Wagen auf Wagen, Auto auf Auto, und Wagen voll Zornitzel, Feldküche, Verwundete, Gewühl der Kompagnieführer um Unterkunft. Futterwagen, Brotwagen, Geschrei, Getute, Vieh, furchtbares Getümmel, Befehle, Gegenbefehle; und Landregen setzt ein, der zu einem niederschmetterndem Platzregen wird, und wieder Landregen. Wir bringen Wagen in Hof und Pferde, die ich bewache. Kanonendonner von Ferne ab und zu. Ich sitze im Hof. Linke und rechts Wein an Mauer, ...über der grauen Mauer Blumen, Tauben kommen und suchen Reste, und es tobt die Schlacht, und immerdar donnern und summen Rotekreuzautos vorbei.

Abends:Die 1/2 7 Wache gestanden. Dann mit Offizier gegessen, meine Beobachtungen :un dem Hof /12 Knechte/ und die vielen kühlen, kräftigen, gutgekleideten Männer auf der Straße. Sentimentale Stimmung. Gläserbuff. Der alte Chinamann /Felowebel Wiese/ erzählt von seinen Fahrten und wir klönen noch und sprechen von Luttgelagen und einem Pilsener. Der schöne Bettwärmer. Die Abgenstellet.

12.9.14. 6 Uhr Abfahrt von Corbenn. Es regnet erst, dann heiter mit bunten Wolken. Rohde und ich fahren auf Verpflegung in der Richtung Reims. 164er Liegen auf der Stoppel mit Tourage- und Bagagewagen. Wir lassen in der Feldschmiede beschlagen. Fahren durch weiße Weizen- und Rübengegend. Krähen, Elstern. Vor uns schließen Waldberge das Hochplateau ab. Kaputo

117

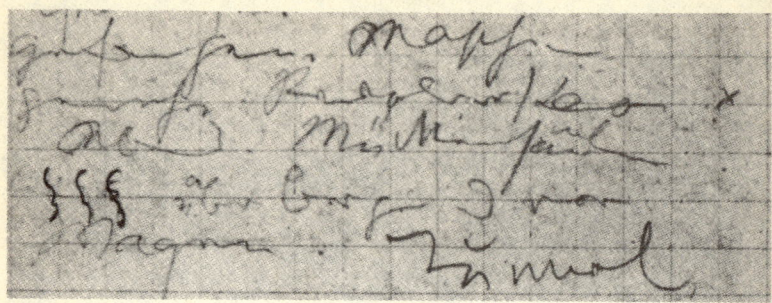

Zeichnung 1 (siehe S. 10)

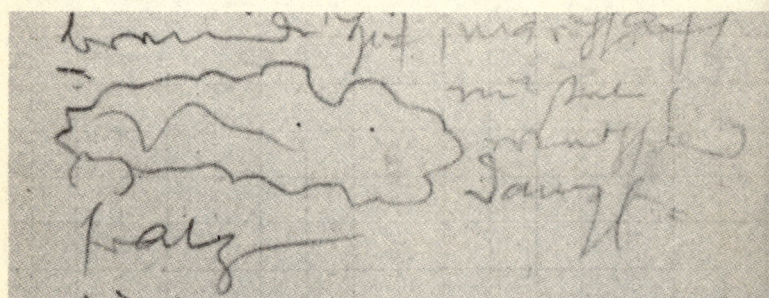

Zeichnung 2 (siehe S. 45)

Zeichnung 4 (siehe S. 60)

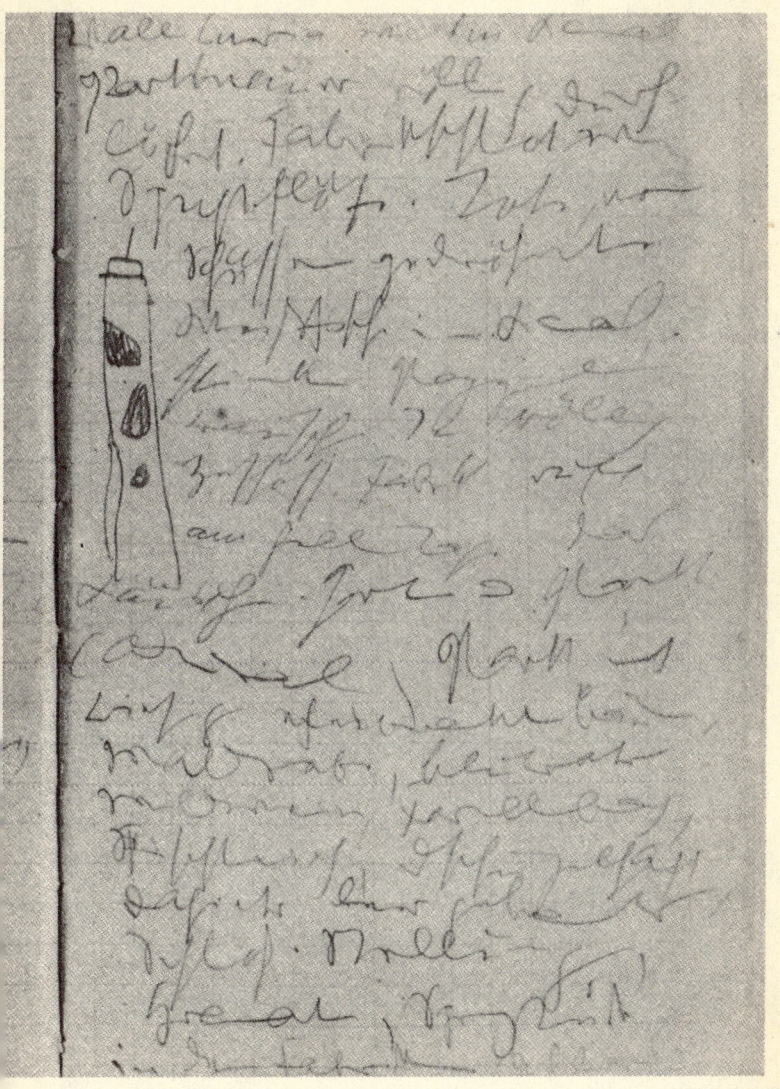

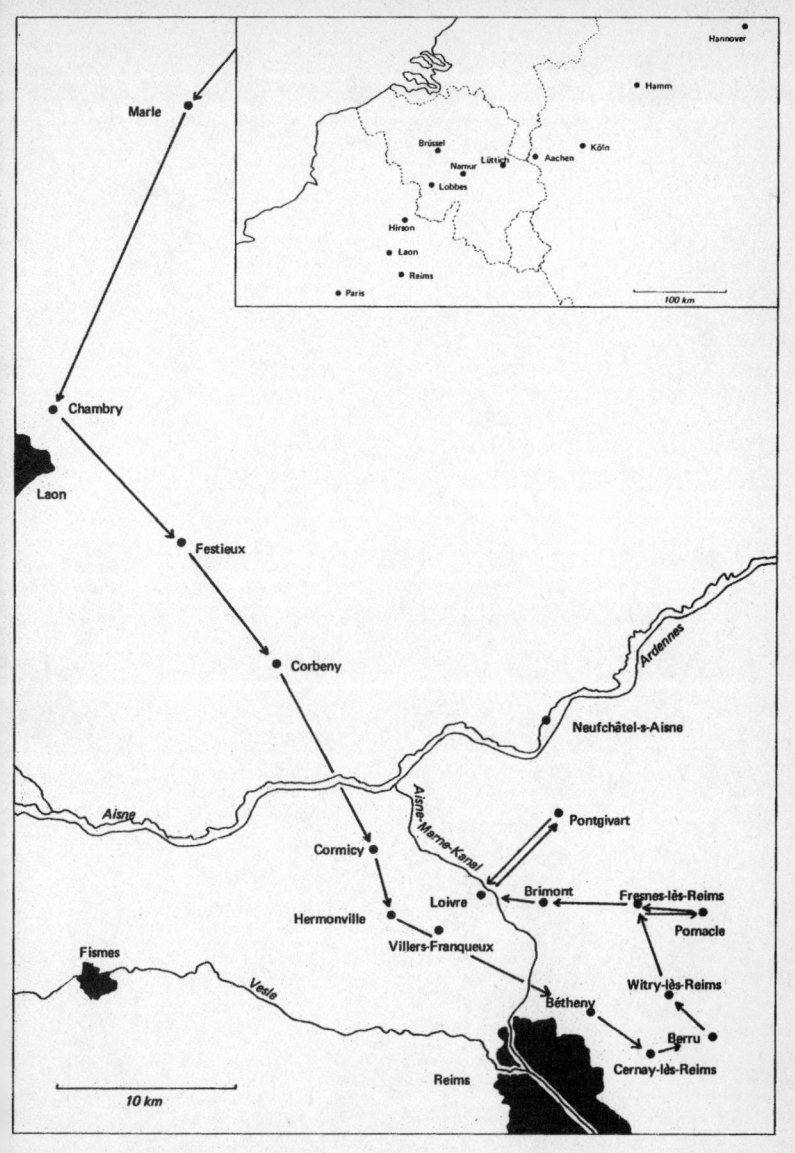

Danksagung

Dieses Buch konnte nur durch die uneigennützige Hilfe zahlreicher Mitarbeiter und Berater entstehen. Für die wissenschaftliche Beratung und die Klärung zahlloser botanischer und zoologischer Fachfragen danken wir insbesondere Herrn Dr. Rudolf Kuhk, Radolfzell/Bodensee; für militärwissenschaftliche Fachfragen Herrn Hans Hinrich Karck, Kiel; für die Erschließung der Handschrift Frau Helene und Herrn Ernest Potuczek-Lindenthal, Kiel und Frau Hedwig Gunnemann, Leiterin der Handschriftenabteilung der Stadt- und Landesbibliothek Dortmund. Ferner gilt unser Dank Herrn OStR. i. R. Fritz Klein, Hannover; Frau Hildegard Bleßmann, Kiel; Herrn Jean Barloy, Chambry sous Laon; Herrn Michel Allix, Bürgermeister von Loivre; der Leitung der Stadt- und Landesbibliothek Dortmund; dem Stadtarchiv Hannover; dem Löns-Archiv der Stadt Hannover; der Bibliothek für Zeitgeschichte, Stuttgart; dem Deutschen Jagdmuseum, München; der Zeitschrift »Jäger«, Hamburg.

Bildnachweis

Farbfotos auf den Farbseiten 1, 2, 3, 4, 6, 7, 8: Hildegard Vollmer, Kiel; Farbfotos auf der Farbseite 5 und Schwarzweißabbildung auf der Seite 52: Volker Germau, München; Schwarzweißabbildung auf der Seite 76: Zeitschrift »Jäger«, Hamburg; sonstige Abbildungen: Archiv des Orion-Heimreiter-Verlages.

Bitte beachten Sie
die folgenden Seiten

Erich Maria Remarque

ein Ullstein Buch

Ernst Glaeser

Jahrgang 1902

Roman

Ullstein Buch 20588

»Ein verdammt gutes Buch«
nannte Ernest Hemingway
Ernst Glaesers Roman, der
1928 zum erstenmal erschien
und in 24 Sprachen übersetzt
wurde. »Jahrgang 1902«
zeichnet ein plastisches Bild
der durch den Ausbruch des
Ersten Weltkrieges markier-
ten Zeitenwende.

ein Ullstein Buch

Theodor
Fontane

Wanderungen
durch die Mark
Brandenburg

Fontane Bibliothek